西方正义理论译丛

丛书主编——何怀宏

正义

Justice

哈里·布里豪斯-编
林毅 李浩-译

江西人民出版社
Jiangxi People's Publishing House
全国百佳出版社

图书在版编目（CIP）数据

正义 /（英）哈里·布里豪斯编；林毅 李浩译．
-- 南昌：江西人民出版社，2019.4
（西方正义理论译丛 / 何怀宏主编）
ISBN 978-7-210-10813-9

Ⅰ．①正… Ⅱ．①哈… ②林… Ⅲ．①正义—理论研究 Ⅳ．① B82

中国版本图书馆 CIP 数据核字（2018）第 217356 号

版权登记号：14-2018-0231

正义

（英）哈里·布里豪斯编　林毅　李浩　译

丛书策划：余　晖
责任编辑：李月华　章　虹
丛书设计：今亮后声 HOPESOUND pankouyugu@163.com
出　　版：江西人民出版社
发　　行：各地新华书店
地　　址：江西省南昌市三经路 47 号附 1 号
编辑部电话：0791-86898143
发行部电话：0791-86898815
邮　　编：330006
网　　址：www.jxpph.com
E-mail：270446326@qq.com
2019 年 5 月第 1 版　2019 年 5 月第 1 次印刷
开　　本：660×960 毫米　1/16
印　　张：14.75
字　　数：165 千字
ISBN 978-7-210-10813-9
赣版权登字—01—2018—784
定　　价：65.00 元
承 印 厂：河北鹏润印刷有限公司

总　序

◎何怀宏

正义一直是社会关注的一个热点话题，许多在网络上引发大量讨论和争议的事件，几乎都和道德，尤其是正义的问题相关，那些最重要的、最牵动人们情感的事件更是如此。这是因为正义就是主要用于社会，特别是用于制度和政策的道德原则和价值；或者我们还可以同意罗尔斯所说，相对于效率等衡量标准来说，正义是社会制度的“首要德性”，是需要得到优先关注的。但我们的传统道德理论往往是从个人德性来观察和调节社会，对制度本身的德性或者说“社会正义”却重视不够。所以，借鉴域外的正义理论来补足和拓展中国特色的道德理论，对促进与提升我们社会的道德建设和发展是很有必要的。

这套“西方正义理论译丛”就致力于此。在首批所选的六本书中，有探讨西方的正义观念发展史的；有聚焦于当代社会的正义问题的；有提出和建构自己的理论观点的；也有收集对某一重要理论的争论、辩驳和回应的；还有从跨学科的视野和全球化的角度来思考正义的。

当然，对这些思想观点和理论，我们需要谨慎地分析和选择，对不同的著作给以不同的权重。它们有些对我们思考自己社会的问题是富有启发性的，也有些更多的是处理他们自己社会的问题。更重要的是，我们需要考察它们提出的理由和论据的真实性，这不仅可以获得方法论方面的助益，还可以帮助我们形成自己的比较正确的观点。也就是说，我们需要一种批判性的思维。这甚至要包括对本来批判地分析采纳了正确的思考方向和实质观点，但因为推进过度而带来错误的情况。“正义”从其本身含义来说，总是要带有某种平衡中道和公平公允的性质的，所以，就像孔子所言：“过犹不及。”

我在这篇总序中，想结合丛书中的一些著作，主要讨论两个问题：第一个问题是有关正义的范畴。借助于对传统正义与现代正义的分野，我想讨论报应的正义和分配的正义的区分，以及何者应当占据更优先的地位。第二个问题是有关正义的原则、规则。我想借助对罗尔斯与沃尔泽的理论的比较，讨论一般原则和特殊规则的关系，以及我们为什么还需要某些基本的道德原则。

对正义的范畴和内容，我们也许可以大致地分成两块：一块是报应的正义，它主要是和法律尤其是司法的正义、矫正的正义相关；一块是分配的正义，它主要是和权益尤其是经济和物质的利益分配相关。

结合人类社会的历史，我们也许可以说：无论中外，传统的社会更强调报应的正义，并且是以报应的正义为中心和统摄的；而近代以来，从社会的发展趋势来看则更强调分配的正义，并且是以分配的正义为中心和统摄的。

究其背后的实质性的正义原则，我们也许还可以通俗地说，传统社会强调的主要是一种“报的正义”，即主要的一面是“报仇”，也就是司法的正义，次要的另一面是“报酬”即交易的正义。这后面的核心理念是“应得”（desert）。犯罪者应得惩罚，付出或交换者应得回报，贡献者应得酬劳，“让各人各得其所应得”。

现代正义强调的则主要是一种“分的正义”，其主要的内容是分配发展机会和物质利益。它后面的核心理念是“平等”。它不仅将平等对待的范围扩大到所有的社会成员，而且致力于“均富”观念的实现。

“正义”总是要在某种基本的意义上包含平等的。但对“平等”的理解，传统社会与现代社会的人们却有所不同。传统的正义实际上也必须体现平等，但是更强调价值的平等、功过的平等。它那种“平等”可以说主要是一种“对等”。所以，它主张有罪必罚、同罪同罚、同样的价值得到同样的报偿。现代正义则更强调人的基本权利的平等，还有条件乃至需求的平等，不管什么人，不管他们拥有什么价值，都是如此。它的确有一种“均等”的含义。

但这两种正义也可以在概念上处理得比较相通和互相包容。我们前面说到“统摄”，即传统社会的正义自然也会包括经济利益的内容，包含“分”的内容，但“分”往往是统摄在“报”的名下的。同样，现代社会的正义也肯定，甚至还必须优先地包括法律和司法的正义，但这种“报”往往是统摄在“分”的名下的，即分配权利、负担、义务和责任，等等。

综上，我们所讨论的正义范畴和内容其实已经相当清楚，正义总是和政治、国家紧密联系在一起的。我们今天所说的正义更是如此。正义必须依赖权力来实行和实现，而这种权力追溯到底，则是在一定地域内对暴力的垄断——这其实也是韦伯对国家的一个基本定义。

无权力支撑的正义是虚弱甚至虚幻的正义。当然，我们也要对权力提出道德的要求——正义的理念。无正义约束的权力是施虐甚至肆虐的权力。

传统的正义和原始的正义有着更多的直接联系，也带来一定的紧张。比如个人复仇、自行正义和国家法庭判决、代行正义之间的紧张。除了直接的自卫——或者说正当防卫，一般来说国家不允许个人使用暴力自行正义,而是要将个人的“报复”上交到国家来处理。但直到现代社会的今天，也还是会有司法正义的缺位和不足，而导致个人自行正义的现象的出现。我们可以对这样一些个人报复表示相当的同情，但是，它们还是有违良序社会发展的大势的。

《正义诸概念》的作者拉斐尔曾经以古希腊悲剧为例谈到从原始的正义向传统的正义的转变。埃斯库罗斯以阿伽门农家族冤冤相报的系列悲剧展示了这一转变的过程。阿伽门农的妻子克吕泰墨斯特拉和其情人埃奎斯托斯杀死了阿伽门农，这后面有复仇的动机：一是克吕泰墨斯特拉要为其被献祭的女儿伊菲革涅亚复仇，一是埃奎斯托斯对于阿特柔斯家族被侵害的复仇。但阿伽门农被杀之后，他的儿子俄瑞斯忒斯也要为自己的父亲复仇，他杀死了埃奎斯托斯，在犹豫之后，也杀死了自己的母亲。为此，他遭到了复仇女神（可以视作原始正义的化身）的疯狂追逐。

最后雅典娜创立法庭，审理复仇女神的控诉。在正反两方投票相等的情况下，她投了一票，宣判俄瑞斯忒斯无罪，但也要试图平息复仇女神的怒火。拉斐尔指出这包含了新的理念：第一，对于罪行的审判以及惩戒应当通过国家,通过法庭,通过整个法庭的陪审员,通过一个理性和民主的程序来进行；第二，如果两种冲突的主张在道德的两难境地中是均衡的，那么正义的解决办法是切断冤冤相报的无尽链条。

但我们还可以说，从原始正义到传统国家的正义，这里最基本的原则还是没有根本改变，即罪行应该得到惩罚，应该被起诉和审判，应该有报应，“谁的行为谁忍受”。“新的理念”只是将这种惩罚权交给了国家，并努力斩断个人报复不已的链条。

还有一点也很重要。即传统正义虽然没有均分权益和福利的理念，把福利看作应该主要是个人或自愿结合的团体追求的事情。国家主要负责防御外部侵略，维护内部安全和秩序，也包括维护契约的履行等，但它也还是要关心和帮助那些最弱势的群体和个人的基本经济生活和生存权利。这包括要让“矜、寡、孤、独、废疾者皆有所养”，要为孤儿寡母主持公道，不让其人身和财产被侵犯，在发生灾害时国家有义务进行社会救济等。所以，传统国家往往也都有救荒和济贫的一些政策和实践。这后面的精神应该说不只是维护社会的稳定（虽然稳定也是天下之大利），也有对人类和同胞的人道关怀。

这可以帮助我们将正义理论与一般的道德理论联系起来考虑。表现为制度的“恻隐之心”也是一种人类的共性，我们在不同文明的经典文献中都可以看到类似于社会要分利给贫弱的人的例子，比如说《诗经·小雅·大田》中的：“彼有不获穉，此有不敛穧；彼有遗秉，此有滞穗，伊寡妇之利。”《圣经》“利未记”等篇章中也屡次写到这样的意思，当收割庄稼时，应当保留田地的一角不被收割，且不捡（车里散落下来少许的）谷物，“把它们留给那些穷人和陌生人吧”。但是，传统的正义不怎么考虑如何保障人们的经济幸福，不考虑如何平等地满足人们可能不断提高的物质期望，乃至传统社会的主导价值观也都不是以经济为中心的。

正义的理论与实践从以对等的“报”为重心，向以平等的“分”为重心的转变，是从近代开始，尤其是在20世纪完成的。罗斯在1923年出版的《亚里士多德》一书中，评论了引用正义这一概念的诸多变化。他说：“分配正义听上去无比新奇，我们并不习惯认为国家为其国民分配财富，反而认为我们缴税而去分摊国家的负担。”（*Aristotle*，London Methuen，1923，210）这种纳税支持的国家自然是一种较少功能的“守夜人式的国家”。拉斐尔对此评论说：“今天我们对社会保障耳熟能详，反而是罗斯的说法让人感觉奇怪了。”

罗尔斯的《正义论》是现代分配正义理论的一部精致和系统的杰作，也是这一类型的正义理论中最有影响的一部著作。他认为正义的主要内容就是分配一个社会的权益和负担。在他的这部著作中，没有多少有关法律正义，特别是涉及刑法和民事的正义的内容。

这其中的一个原因，自然是因为他考虑的“公平的正义”理论的应用对象是社会的基本结构而非具体制度。但是，他却把经济利益的分配也纳入了这一正义理论的原则之中，而将可能更重要和优先的法律正义排除在外，是有可以质疑之处的。当然，他可能认为，在他的有关所有人的平等自由权利的第一正义原则里，已经隐含了法律的正义。

另外，他在他的正义理论中将“应得”的理念排除在外，而主张一种具有实质平等意义的“公平”，这也许可以用于解释对权益的分配，但却难于解释对惩罚的“分配”。他认为将报复正义或司法正义视作“维护基本的自然义务”是一个错误，但如果我们观察传统社会（即便是今天，也还有一些带有许多传统因素和形态的国家），以及传统正义与原始正义的联系，那么，我们可能还是会认为，这并不是一个错误，司法正义看来的确还是在维护基本的自然义务。从防止直接损害人们的生命、财产的角度看，它比经济利益的分配正义更为重要，也应当置于一个更为优先的地位来考虑。能够为罗尔斯辩护的倒可能是一种进步主义的观点，即如果是处在一个司法基本实现了正义的社会，那么，从实践和政策的层面，或许可以优先考虑经济分配的正义，但即便如此，也不宜将这种优先性看作一种具有普遍意义的次序。

前面谈到我希望主要讨论两个问题：一是传统正义与现代正义的区分和关系问题；一是正义理论中的一般原则和特殊规则的关系问题。传统正义的理论基本上都是承认一般原则，并以之为前提的。有关“报的正义”，应当说内容更明确，对伤害和酬劳的界定会比较清楚，处理的规则也更容易达成共识。而有关“分的正义”，则因为对利益的理解,对哪些是最需要关注和照顾的群体,乃至对于“平等”的理解都会相当歧异，所以难以达成共识，也就使人们更容易倾向于怀疑一般原则。加上现代思想的潮流就有一种力图寻求真理性知识的绝对可靠性带来的失望，所以，在现代道德理论中出现相对主义以致虚无主义的强劲趋势应该说是不奇怪的。所以，有关一般原则与特殊规则的问题，我专门放到现代的分配正义理论中来讨论。

相对来说，我们对罗尔斯的正义理论比较熟悉，这里我想多介绍一下沃尔泽的理论和对他的评论。

大卫·米勒相当赞同沃尔泽的理论，也忠实地叙述了他的观点。米勒认为，沃尔泽对正义的解释其本质是多元的，否认有普遍的正义原则，将正义视为特定时间、特定政治共同体的创造。正义的多元性不仅表现在认可多元的自由民主制社会中，其他社会也有各种类型的社会善好，而每种善好都有与之对应的分配标准。

这里主要有两方面的含义，一是正义观念的不同的地方性、领域性；一是沃尔泽认为正义需要通过"善好"或者说价值来定义。沃尔泽的主要理论是他在1983年出版的《正义诸领域》（*Spheres of Justice*，New York: Basic Books，1983）中提出的。其主要的正面意义或许是反对一些个人或群体依靠他或他们在某一个领域中取得的优势地位，从而获得对其他人在其他领域，甚至所有领域的支配权。所以，他主张一种"复合的平等"，但这也可以说是一种"复合的不平等"或者"复合的优秀"。当不同的人在不同的分配领域拔得头筹的时候，"复合的平等"就实现了，但由于某一领域的优势无法向外转移，所以无人能够支配其他领域。沃尔泽解释说，复合平等意指公民在某一领域或社会善中的地位不会被他在另一领域或社会善中的地位所削弱。

那么，主要有哪些东西可以被称为"善好"呢？沃尔泽认为，在现代自由社会中，"善好"的主要类别有：安全和福利、金钱和商品、职业、工作、闲暇、教育、亲情和爱、恩典、认可（即尊敬、公共荣誉等符号）、政治权力等。

沃尔泽认为，比较理想地实现了“复合的平等”的正义的社会图景大致是这样的：分权的民主社会主义，强福利国家，有约束的市场，开放和去神秘化的行政部门，独立的公立学校，共享艰苦工作和闲暇，保护宗教和家庭生活，不受等级或阶级影响的公共荣誉授予和褫夺制度，工人控制公司和工厂，一种政党、运动、会议和公开辩论的政治。（*Spheres of Justice*，318）亦即，沃尔泽的复合平等观要求这样一个社会，其中不同的人能在不同领域占据优势，他们的关系总和呈现出特定类型的平等。许多分离的不平等相互抵消和对冲产生复合平等,在此过程中,没有人是终极赢家。没有人能够“赢者通吃”。

那么，哪些领域的优势最容易侵犯到社会的其他领域呢？沃尔泽看来是想把市场对其他领域的“侵犯”描述为资本主义社会的核心问题。沃尔德伦指出：依沃尔泽看来，货币的危险在于，它往往会成为他所称的“支配性”物品——拥有这种物品，能够使拥有的个体大范围地掌控其他物品（*Spheres of Justice*，22）。沃尔泽没有将权力的僭越和侵犯视作主要的问题，可能恰恰是因为在自由民主社会，权力受到了法律正义或者说法治的严格约束。所以，他主要关心的是市场或者说金钱购买对其他领域可能的侵犯。

为此，沃尔泽列举了十多种应当实行“阻止交易”的，即那些不能买卖的事物。这份“阻止交易”的清单包括：人口，政治权力和影响力，刑事司法，言论、出版、宗教和集会的自由，婚姻和生育权，离开政治共同体的权利，免除服兵役、免于陪审团职责、免除其他公共工作的义务的权利，政治职位，基本的福利服务如警察保护和教育，绝望的交易（如涉及接受危险工作的交易），奖品和荣誉，神恩，爱和友谊，犯罪行为。而在最重要的、应该禁止的“权钱交易”中，他主要关注的不是用权力掠夺金钱财富，而是用金钱购买政治权力，乃至为后代购买优质教育。

沃尔泽的复合平等的正义理论的确有助于防止“赢家通吃”，防止一个人由于拥有某一方面的优势，就将这种优势扩大到所有方面，甚至因此对他人取得支配地位。大概是由于他所处社会的缘故，他更重视防止用金钱来购买一切。但我们知道，在另一些社会中，权力远比金钱更管用。在那些地方，更大的危险不是用金钱购买权力，而是用权力压制其他人的经济活动或掠夺社会的财富，即所谓“权力的腐败”。

顺便说说，罗尔斯在他的正义理论中也是主张阻断基本权利与经济利益之间的交易。他反对以利益之名，哪怕是多数人的利益之名来剥夺哪怕是很少数人的平等自由，所以他给出了正义原则的次序，只有先满足所有人的平等自由的原则，才能考虑公平机会和经济利益的分配。

不过，我们这里要讨论的是一般原则与特殊规则的关系。沃尔泽否定这些多元的特殊规则要依赖于一般的正义原则。他强调“地方性”。他说：“分配正义的每一种实质性解释都是一种地方性解释……首先有一种特征是我的论述的核心。我们（所有的人）都是文化的产物；我们创造并生活在有意义的世界里。”（*Spheres of Justice*，314）这些说法可能并不错，但是否还是有一些超越地方性的共享的生活意义和正义原则呢？

凯伦指出，沃尔泽的论证最后还是建立在一般的甚至是抽象的自由民主原则上，还是不得不超越地方性的理解。假如像沃尔泽说的那样，“道德方面的论证要诉诸共享意义”（*Spheres of Justice*，29），那么这种论证就预设了我们的共享意义世界至少部分越过了我们所属的特定政治共同体的边界。

问题还在于，不仅是基本的生活意义、价值（善好），正义的原则是否更应该如此呢？或者说，那些最基本的人生价值，本身也可以用正义的原则规范来表述。而且，正义的原则倒是比人们对生活意义的理解更有可能，也更有必要达成超越地方性的普遍共识。而沃尔泽却认为一般的正义原则是不可能或不可取的。但是，我们在现实生活中不难观察到，如果说正义的标准有赖于人们对价值（善好）的看法，人们对什么是善好（应该追求的价值）的看法不是更容易发生歧义吗？即便是在同一个政治共同体内、在同一个地方，人们的价值观念也照样出现许多的差异。相反，不同的地方、不同的政治共同体内的人们，对一些基本的正义规范却反而较容易达成共识，比如对不能杀害无辜、不能伤害他人、不能让人因为缺乏物质的生活资料而死去，等等。

当然，沃尔泽的正义理论还不能说是一种道德的相对主义，他的观点和一些相对主义的思想，诸如利奥塔、德里达、福柯和一些后现代主义者，甚至和威廉斯的观点也都是有距离的。他认可正义是有规则可寻的，只是这些规则是多元的，且不可能依据一种普遍的道德原则。用巴里的话说，他更像是持一种约定主义的观点，即各个领域、各个社会的正义规则是要依各个领域的特殊性质和各个社会的人们对于善好的特殊理解而定的。这样，从总体来看，正义的规则自然是多元的，而且不可能用一些普遍原则来概括、提供依据或从它们引申出规则。

有不少学者指出，沃尔泽所提出的正义理论的一些正面主张，其实在美国的社会还是缺乏根基的。美国地方性的知识和共识并不支持他的主张，至少从历史和现实看是这样。这显示出他的理论的激进性，但即便说美国的地方性知识的趋势会朝沃尔泽希望的这个方向走，它怎么从目前的地方性知识中生长出来也是一个问题，是不是还得要借助更高的、超越地方和国家的普遍正义观念才可能生长？但这样做是不是会改变沃尔泽理论的基本主张？

即便是相当赞同沃尔泽的理论，认为其理论虽然不同于，但却优于现在的主流政治哲学的米勒也在上世纪九十年代指出，沃尔泽想证明医保不应依赖市场，但他的论证难以让人信服，因为从多数美国人现在共同的想法中无法推出这样的结论。就更别提沃尔泽主张的工业民主或者是扩展工人对工厂的控制权了。米勒认为，对此，十个美国人中有九个会拒绝接受。美国人打心底里信奉生命、自由和财产的基本权利。巴里也说：沃尔泽的一些主张无法诉诸大多数美国人的想法，因为大多数美国人还是信仰自己的建国文件《独立宣言》所揭示的普遍人权原则。当然，人们的观念可能发生变化，我们现在甚至可以说已经看到了诸多变化，问题在于，这些变化是不是还得要诉诸一般原则。我们看到，不仅沃尔泽的一些批评者，甚至赞许者也还是试图诉诸更为一般的原则。

比如米勒想强调平等公民身份理念在沃尔泽的正义观中发挥的

关键作用。他认为，如果在一个社会中人民享有一种基本的身份平等，这才能使诸如金钱和权力这样特定正义领域内的不平等变得无效。

巴里则认为：沃尔泽强烈反对一般理论，但只有这种理论能说出沃尔泽明显想说但又不能说的话：正义有其固有的属性，即便落后社会中的大多数人对正义有不同的理解，也不能动摇正义的这种属性。他更赞成罗尔斯的论证方法。在巴里看来，罗尔斯与沃尔泽看法一致的地方有：基本的公民和政治权利应当完全平等地进行分配，工作应当按照公平机会平等的原则进行分配，教育应当按照获益能力进行分配。罗尔斯还提出了差别原则以用于经济利益的分配。但巴里认为：罗尔斯的论证优于沃尔泽的地方在于先建立一般的正义理论，而后依据正义理论对这些标准进行阐释和辩护。

的确，在罗尔斯的正义理论中，其实也是有领域的明确区分的，在某种意义上，也可以说包含一种“复合平等”的含义。他的第一和第二两个正义原则适用于不同的领域。但他也认可、提出并努力论证一般的正义原则，乃至根据它们进行演绎。

罗尔斯强调一般的正义原则，但他的问题可能是将有的特殊原则也普遍化了，尽管他申明他的理论只是用于良序社会的基本结构。但即便如此，他的论证看来也至多能解释他的第一正义原则的普适性，而仍旧难以解释第二正义原则，尤其是差别原则的普适性。而有的更为基本的普遍原则，他反而没有单独提出，比如说保障生命与安全的原则。应该说，越是具有普遍意义的道德原则应该越是基本的，或者说越是接近道德底线才越具有普适性。而正如上面所批评的，在另一方面，沃尔泽则可能过于强调正义规则的特殊性了。

对沃尔泽的复合平等正义理论，还有一种来自事实的反对。在米勒看来，复合平等观面临的一项挑战是认为：人们在不同分配领域的地位有一种事实上不可抵挡的集中趋势，因此那种认为平等可以在不同地位中产生的观点是缺乏实践基础的。这是因为分配诸领域是互相关联的，在某一领域的高级地位也可能自然地趋向于转变为其他领域的高级地位。

我们也要看到，能力和智力也有相通的一面，有的人可能会在多个领域内自然而然地占据优势。阿内森举出了这方面的一个具体例子：有个男生赢得了学校里所有的奖项，竞赛是公平进行的，测试的技能也是学校理应测试的。尽管如此，如果还是认为一个男生在所有竞争领域都取得成功是不合适或不正义的，那么，是不是只有 10 场竞赛出现 10 个不同的获胜者，才是吸引人的平等理想的胜利？人们还可以提问的是：那么，是不是要打压那个非常全面的优胜者，哪怕这很可能只是一些个别现象？

不过要指出的是，沃尔泽对自己的多元正义观点还是有限制的，或者说是有底线的。他在“解释与社会批评”中，承认有些正义要求是贯穿所有文化的，在此意义上，这些要求可被视为“一种底线的、普适的道德范畴”。禁止谋杀、欺骗和暴虐均在此列。沃尔泽在《多元主义、正义和平等》一书的“回应”中也写道：“书中有几章强调了一般道德在塑造分配原则上起的作用，无论是国际社会还是国内社会的分配原则。我承认这一点，尽管我不确定道德能在某种程度上从外部发挥作用，除非是一种底线道德。谋杀、折磨、奴役对任何分配过程来说都是错误的——它们之所以是错误的与社会物品的意义没有关系。”

由此看来，沃尔泽还是接受了一种普遍的底线伦理，而这种底线伦理恰恰主要是存在于“报的正义”而非“分的正义”领域里的。但也许正是因为他过度聚焦于“分的正义”,所以才在《正义诸领域》中常常忽略了这种普遍的底线伦理。而他在他的另一本著作《正义与非正义战争》中，倒是相当多地讨论并依据了一种普遍伦理。

无论如何，“复合平等”是一种富有启发的思路。在各个不同的领域和层面，应该有一些不同的正义准则，比如在个人的交往中、在自愿结合的团体中、在带有强制性的国家政治领域中，以及在国际关系的领域中，所采用的正义规则肯定是应当有所不同的，有的领域甚至不太适合谈正义，比如家庭，只要其中发生的事情不涉及违反法律和严重地影响社会。

但我认为：这种“复合平等”的地位却是次要的，甚至是次要的次要。首先，“报的正义”蕴含的一些基本原则应当置于“分的正义”之前（当然，“报的正义”的一些内容也应根据时代的变化有所改变）。其次，即便在“分的正义”中，无论是建设性的还是批评性的观点，也无法全然不诉诸某些基本的正义原则。而这些基本的原则是应该置于具体的规则之前或之上的。比如说，批评地方性文化中的寡妇殉葬、女性割礼等，就很难不依据一般的原则。

为什么今天我们还是应该重视，甚至更重视法律的、报应性的正义，将其置于更优先的地位来考虑?

首先是因为它涉及的问题之重，它涉及的是有关生命不被剥夺、伤害和压制，财产不受侵犯，基本的生存物质资料得到保障的重大问题。

其次是因为它涉及的范围之广，它不仅关系到社会中的一些群体——虽然是值得关心和照顾的贫困或弱势群体，还关系到这个社会的所有成员。司法正义的问题是所有人都要面对的，不论他是什么人。

再次，还因为这种传统的“报的正义”的原则往往在现代“分的正义”理论中被忽略。当代西方的正义理论和实践过于集中在权益分配，尤其是经济利益分配的领域。而我们最好取得一种恰当的平衡。

最后，这还和我们的国情相关，而且，这种逻辑的优先次序也是和历史正义的次序相吻合的。

总之，以上我的阐述和讨论只是从传统和现代、一般和特殊的角度，尝试提出一种对正义观念和理论的分析框架和优先次序，我期望它能够有助于读者理解这些译著，同时也展开自己的批判性思考。

目　录

CONTENTS

前 言

正义是任何社会秩序中的核心美德之一。它在很大程度上关系到我们如何分担维持社会组织的负担，以及如何分配从中获得的收益。因为，没有任何人应当由于受到他人的不公正对待而过得更糟，也没有任何人应当从对他人的错误对待中得到好处。尽管有时看起来，当代的政治争论似乎都已被自利性问题，或者换言之是被技术性细节的问题所垄断，但从另一方面看，对于大多数人而言，生活在一个正义的社会安排中仍是非常重要的。本书所讨论的，就是使社会安排如何变得符合正义原则的问题。

我对完整性没有任何诉求，这本书只是聚焦关注那些在当代政治理论中占据主导地位的正义理论，而不打算检阅所有的当代相关文献。相对的，我挑选出了那些核心理论和核心主题，并对其进行了相当细致的讨论。我这样做是基于三方面理由：首先，我认为读者应当通过考察不同的立场是如何得到详细阐述的以及与之相关的争论，而不是通过简单阅读一份关于大量相关文献的简要概述，来了解更多关于正义议题的内容。其次，我设计本书聚焦于很少量且容易理解的书籍和文章，以使得读者可以很容易将本书与相关参考文献放在一起进行参照阅读。因为即便是最好的介绍性文献也不能替代对于原典的直接了解。其三，尽管这本书是具有独立立场的，但我还是希望读到它的读者能将其视为一种对阅读本书所涉及文献的邀请，而不是对相关文献的替代物。在本书的最后部分，我提供了一份拓展阅读文献的概览，我希望对此有兴趣的读者们能够去阅读这些文献。

而我对于理论的选择则是基于这样几方面考虑的。首先，我希望提供一份对于当前政治哲学领域内流行的主要种类的正义理论的简述。其次，我希望运用那些其影响力已经超出政治哲学学科范畴的理论。在社会科学领域中，甚至在其他人文学科领域中，越来越多的学生希望了解阿玛蒂亚·森、玛莎·努斯鲍姆、威尔·金里卡和约翰·罗尔斯的作品。

我还想就如何阅读这本书提供一些注解。本书的每一个章节都有一个独立的主题，并且可以被单独抽出来进行阅读。但是全书是从头开始搭建结构的，并且我还会经常地回溯到此前章节中所提到的理念。这反映出当代理论争论的一种状态——从整体上看，理论家们在后面的章节中需要对此前章节中理论家们的思想做出回应。可以跳读的一个章节是第一章，但我并不建议一位初学政治学理论的新手这样去做，这是因为此章中包含着一段很长的，并且对政治哲学方法论问题的探讨很有帮助，而这种探讨还将被运用在后续的章节当中。因此，请完整地阅读本书吧。

但是也请读者们带着怀疑的态度去阅读本书。因为这是一本带有主观偏见色彩的正义理论导读书。我相信，我所讨论的一些理论能够比其他理论走得更远，同时我也不准备掩饰这一看法（虽然我对此没有进行详细叙述）。你或许会不同意我的看法，但事实上，你也很可能喜欢上这本书并从中学到更多东西。这本书所做的不是一个对于各种观点的乏味探究，而是设计用来让你回答当前正义哲学理论中那些需要打破砂锅问到底的问题的。这本书试图想让你加入到这样一个集体项目中，那就是吸引你的理性能力来探索出什么才是最好的正义理论。

我写作本书大约花费了四年时间，其中两年我居住在美国，两年居住在英国。往来于两国之间延缓了我的工作进程，但也提供给我两种十分不同的激励。当我坐在牛津巴士公司的 X90 路长途汽车上时，我写作了大量手稿，而且几乎所有的工作都是在聆听 BBC 广播 2 频道的节目中完成的。我得感谢 X90 路汽车司机过于随意的礼貌态度和迂回的驾驶方式，也要感谢那个决定将 2 频道当作能想象到的最佳音乐频道的不知名人士。亚当 · 斯威夫特[1]没有读到这份手稿，但是我对于这些问题的大量思考都应当感谢与他交谈中受到的启发。尽管如此，我还是要特别强烈地强调，斯威夫特无须对其后果承担责任。我还要特别感谢一些参与到我于威斯康星大学所教授的高年级政治哲学课中不同部分的学生们。他们中的麦迪逊已经忍受了本书这些章节的不同版本，成为一名我政治哲学读书班上的学生，并在伦敦教育学院开始了社会学硕士阶段的学习。戴安娜·格蕾卢克、穆纳 · 格尔穆罕默德、卡茨 · 片山、珍妮特 · 奥查德、保

---

[1] 亚当 · 斯威夫特（Adam Swift 1961－）：英国政治哲学家、社会学家，美国沃里克大学政治与国际问题研究部教授，主要研究领域为自由平等主义相关问题，其主要论著的中译本包括《政治哲学导论》（凤凰出版传媒集团、江苏人民出版社 2006 年版）、《自由主义者与社群主义者》（与史蒂芬 · 缪哈尔合著，吉林人民出版社 2007 年版）等。——译者注

罗·赛弗恩、洛雷拉·特泽和卡丽·温斯坦利都通过许多方式帮助了我。我的同事伊莱恩·恩特哈特也是如此。这本书中我相关观点的产生在很大程度上都得益于他们的参与。戴尔·莫里特别在第四章和第五章中提供了很有价值的注解。我还要感谢米歇尔·布莱克有着极大帮助的评论，正如其他《政体》季刊的评论家一样，他的仁慈使得他的怀疑主义变得更加令人愉悦。路易丝·奈特已经对一位可能与之共事时将令自己备感沮丧的作者给予了很大的耐心，感谢路易丝。最重要的是，我还要照例感谢林恩·格卢克所做的一切，以及马迪，现在是梅茜，感谢她延缓了我的写作进度。

第一章　正义简介

正　义

以区别一些不同的正义概念作为开端，将有助于更加精准地说明本书的研究主旨。对于我们而言，保留下的已知最早关于正义问题的论著出自古希腊的哲学家们的手笔。在他们生存的时代里，以“正义的”来形容城邦或者个人属性都是极为常见的情形。事实上，渐渐弃用“一个正义的人”这一表述也不过是最近的事（相应的，我认为，今天的人们用“一个有道德的人”这一表述取代了原先的表述）。在《国家篇》当中，柏拉图详述了城邦中的正义概念，并在此基础上建立起一套用以描述私人生活领域中正义的模型。其具体内容主要包括：人们由于无法充分地自我满足需求而组成了城邦（国家），因而才能通过在社会中与他人的交往更有效地满足那些需求。据此原理建立的城邦包含着三个阶层：统治者阶层、武士阶层和平民阶层。其中，统治者阶层和武士阶层肩负特殊的职能，并具备独特的美德，而达致正义便恰是建立在所有阶层都具备各自独特的美德，并完美履行各自特殊的职能基础上的。因此，一个正义的城邦就如同一个繁荣兴旺的生物有机体一般，其每一个构成部分都按照规定的角色很好地发挥着作用。

进而言之，关于正义的个人的概念便是以上述正义城邦的概念为范本的。如同城邦一样,个体的灵魂也由三个部分所构成,即理智、激情和欲望。对于正义的个人的定义并不取决于他在多大程度上受缚于城邦的法规，而取决于构成他灵魂的三个部分在多大程度上良好地发挥着各自的功能。因此，灵魂的激情部分应当匹配于勇气的元素，理智部分应当匹配于明智的元素，并且灵魂的所有三个部分还应当彼此协调。

对于现代人的观念而言，以正义的城邦为镜像来设定个人内心宪法的标准，继而根据在多大程度上遵守这一内心宪法来评估一个人是否具备了“正义”的特质,这一理念似乎是相当奇怪的。相对的，当我们评判一个人是正义之人或是不义之人时，我们更倾向于根据其与国家的关系来设定评判标准，即那些违反法律或是以任何形式的行为损害法治原则根基的人都将被斥之为不义之人。但是，柏拉图和其他一些古希腊思想家对于正义问题的思考，却比我们提到的上述标准复杂得多，其内容更近似于指涉一些以“道德的”或“繁荣的”为形容前缀之物。总之，在此介绍柏拉图的正义观念，是为了将个体的正义问题与社会的，或者政治意义上的正义问题区分开来。而我则是依据现代社会的观念倾向，将本书的关注点聚焦于社会体系范畴内的正义问题及其相关问题。

第二个对于正义概念的区分是关于分配正义和报应性正义的。分配正义所关注的是被罗尔斯称为“社会协作的收益与负担”是按照何种方式在人群中分配的问题；而报应性正义则主要考虑对于那些违反法律和社会规范之人施以何种适当刑罚的问题。在这种情况下，“正义”的概念可能在整体上看来是模糊不清的，只有当人们在事关分配正义或是报应性正义主题的语境中对其加以使用或者讨论时，正义的概念才显得清晰起来。但这两者同时又是存在着相当程度区别的主题（尽管其彼此间并非毫无关联），而我在本书中所主要关注的便是分配正义的问题。对此，一个基本的问题便在于：一个符合正义标准的社会为了维系自身的存续，应当如何，并且依据何种目的，来实现对其产出的各种收益（资源、机会以及自由等）在人群中的分配，又应当如何使人们分担相应的负担（成本、风险和不自由等）呢?

彼此冲突的价值

对于上述问题的回答，需要我们确定不同收益与负担相对权重的相关标准，以及不同价值相对权重的相关标准。在关于价值问题的公共性讨论中，一个常见的策略就是，假定当一个人证明了两种价值在某种环境下是彼此冲突的，而其中一种价值被认为比另一种价值更为重要时，问题便已得到了解决。但事实上，上述情形在现实中是极为罕见的。考虑一下某种简单并且常见的情况，比如处理自由与平等价值彼此冲突的情况，我们必须使对其中之一的选择看起来具有更加充分的理由，在任何对于自由与平等价值的自然理解中都是如此。比如，当罗德尼和查尔斯保持同样的生活水准，并且我们试图确保他们能够继续维持这种平等的生活水准，但他们中的任何一方都希望过得比对方更好的情境下，我们所应做的，就要么是限制这两人中的一人获得酬金更高工作的自由权利，要么是确保获得工作的一方不会从中获得更多的财产收益（这就意味着要对两人征税，并重新分配收入）。而这样的做法，除了在实现严格意义上的财产平等方面显示出不稳定性之外，也造成了自由与平等价值间的对立冲突。但是，展示这一冲突的存在并不意味着要证明自由的价值更加重要，或者说平等的价值完全不重要。再举例而言，通盘考虑起来，我们或许会认为，去限制自由以达至所需的平等目标是错误的。但我们却也仍然相信，一个罗德尼与查尔斯都能抑制彼此在生活水准方面超越对方的欲望与尝试的世界，还是要比两人彼此间为了不平等的地位而相互竞争的世界显得更加理想。换而言之，我们可能会认为自由的价值超过平等，但我们也仍会多多少少地肯定平等具有某种道德上的重要性。对于上述可观察到的价值冲突的另一种回应会采用如下的表述，即特定种类的自由极为重要，但另一些种类的自由从根本上说并不那么重要。相应的，重要的自由是不容以实现平等的理由而受到侵犯的，而那些不那么重要的自由或许可以根据同样的目的而被牺牲掉。例如，只要一个人能从其自愿加班的决定中获得合理的收益，或是在投资中自愿承担相应的风险，我们或许就会承认此人作为一个经济主体的自由权利得到了充分的保障。但同时，又会认为从他们的相应收益中拿出一部分来再分配给其他社会成员的行为在道德上也是完全可以接受的。又例如，或许我们会认为，那种用以阻止父母与其子女保持亲密关系的举措是完全不可接受的，但那种保障按照父母的选择而将其子女送往学校的自由，又并不重要到足以颠覆我们对于平等价值的考量。

另一个类似的反对平等价值的观点，常常源自对效率重要性的诉求与平等价值之间的冲突。因为其在效率方面造成的消极影响，实现经济上的平等价值往往遭到激烈的反对。因为，在此情形之下，由于无法从其行为中获得相应收益，个人将失去更具创新性和提高生产效率的激励动机。因此，沿着这一思路推论，看起来我们所有人生活在平等的状态下，似乎会比生活在不平等状态下来得更糟糕。

事实上，确实存在着这样一些微妙的证据来证实上述判断。那些在收入分配方面采取了相对平等主义原则的经济体（如瑞典、荷兰和德国）在长期经济运行方面表现得比那些在收入分配方面采取了相对不平等主义原则的经济体更糟。但是，在宣称平等原则将会损害效率的信条时，还有一些问题是值得注意的：在一个严格遵循经济平等信条的经济体内，许多人将变得消极怠工，并更少承担那些有可能提高生产率的经济风险。然而，在此之后又会发生什么呢？我们并不能由此直接推导出平等在正义概念中毫无地位的结论。对此，我们可以举出两个理由：首先，如果我们想得出上述结论，就需要论证由不平等所带来的经济性收益在重要性上超过由平等所可能带来的非经济性收益。其次，即便我们做到了这一点，我们也无法论证平等毫不重要——因为如果确实存在某些非经济性的收益的话，那么它们就应当成为评判正义的一类标准。

因此，当考察两种价值的冲突时，即便其中的一种价值更为重要，也不足以意味着相对而言更不重要的那种价值在正义概念中没有任何地位。一种关于正义的理论承担着如下使命，即赋予不同的价值以相对的重要性，并由此精准地确定在特定的情况下哪一种价值应当居于优先位置，又如何来获得这种优先位置。我将在本书的下一章中探讨如何完成上述使命的问题，并且在全书中对其加以系统的阐述。

正义的现实意义

对于正义问题的考量存在着现实指向吗？一个愤世嫉俗者或许会指出，在那些不民主的国家当中，除了出于维持其统治权力所受到的一些必要限制之外，统治者们通常是能够恣意行事的。而相对的，在民主国家当中，政治家们尝试着取悦选民，后者则运用其选票来确保其自身利益。在这样一个现实世界中，正义理论扮演着何种角色呢？显然，在少数理想主义者足以影响的、通常也是极为有限的事务范畴之外，正义理论并没有发挥出一种指导现实行为的作用。

当然，在上述愤世嫉俗者的观点当中确乎存在着部分真理。我们中的大多数人在大多数情况下会拿出至少一部分的精力来关注自身的利益，并尝试去保障这些利益。但即便我们相当赞同前述愤世嫉俗者的观点，我们也能观察到，无论在非民主政体还是民主政体的条件下，都会常常存在着政治活动的参与者们试图求助于正义理论的情况。最为显而易见的是，当一个不民主的政体处于不稳定状态，而其社会成员又发现自己有能力去改变这一政体时，他们就会在受到较之于实现其个人利益而言更为高尚的动机引导下付诸政治行动。虽然他们的一些正义理念时常表现得与其现实行为不尽匹配，但这些理念也确实对他们发挥着指导作用：如确保未来的政体比他们所要取代的政体更符合正义的标准。在这样的情形下，对于人们而言，得到获得充分论证的关于正义问题观点的指导，显然好于处在思想迷茫状态中或受到误导性观点的指导。相对更不为人们所关注的，是在那些民主政体中的政治生活常态中也常常存在着类似情形。在民主政体下，选民或者利益集团会在那些或是更平等，或是更不平等的收益分配政策中做出选择，而正义原则在此情形下也会自然地发挥着指导性作用。

但我并不确定我们是否应当对愤世嫉俗者们做出如此大的让步。人们拥有十分复杂的行为动机机制，而在那些确保自身利益不受到严重侵害的行为动机已经充分满足的有利情境下，人们的行为动机又常常会在很大程度上受到道德理想的影响。他们的行动会变得更为积极，更加有效，有时，这些道德理想可能会与人们确保自身利益的理性判断相吻合，但即便在两者并不吻合的情况下，许多人也仍然会选择做出那些正义原则所要求的行为。

在一些历史案例中我们便能看到这种情况。特别是在现代社会当中，自利性动机已经不足以排斥对于正义问题的考量，并且人们意识到，即便只是对于正义的哲学性思考也是有价值的。最为引人注目的是，美国的建国者们在他们设计美国宪法时引用了约翰·洛克的正义理论。而整个东欧世界在进入柏林墙倒塌后的时代里，它们的宪法设计也同样受到正义理论的强烈影响，而不仅仅是基于制宪者们的自利性动机或是期望获得特定选区支持的动机（当然，这些动机也会对宪法设计产生一些影响）。

正义，社会科学与政策

为什么一本讨论正义问题的著作有资格讨论一系列关于社会科学核心概念方面的问题呢？社会科学领域中的大多数分歧本质上都是高度技术性的，社会科学工作者们意在描述并解释社会过程，而为此他们就需要根本性的解释性概念，而不是正义这类规范性概念。但事实上，在一些情况下，真正有意义的问题却仍取决于人们对于正义问题的思考，特别是当从事于社会科学的研究者希望将其研究成果提供给政策制定者的时候更是如此。

让我们来考虑一些关于社会流动性问题的争论。社会流动性问题的研究者在如何最好地构思阶级或阶层结构方面并未形成统一意见。他们的分歧特别体现在诸如职业类型、受教育程度和收入水平在影响阶级阶层结构方面各占多大权重的问题上。在此，一个明显的，并且是合理的考量因素在于，研究者们事实上可以获得上述哪些变量的相关数据。但是，即使假设研究者们能够获得大量此类变量因素的可靠数据，考虑以下所提到的问题也仍然是有意义的，即，从公平正义角度审视，社会流动性为什么重要？如果在回答这一问题的过程中，你发现子女们的前景在很大程度上与其父母的收入水平和财产状况相关，同时却与其父母的受教育程度没有那么大的关联性；那么，在构思影响阶级结构问题时，相应地赋予收入因素以超过受教育水平因素的权重也就变得合情合理了。

政策制定者们在决定应该为了政策目的而进行何种社会科学研

究时，需要对正义问题保持某种特别的兴趣。假设你在管理着一个教育部门，并且在尽你所能地寻找最快实现教育资源增长的方式。那么，显而易见的是，你应当考虑那些效率优先的计划。但是，不同的计划可能对不同类型的学生产生不同的影响，那种能够平等地惠及全体学生的政策（或者一揽子政策）往往是极为罕见的。如果一种正义原则要求我们最大限度地提高最后进的那部分学生的成绩，这就意味着，相对于另一种正义原则要求我们最大限度地提高平均水平学生群体成绩的情况，我们需要一些不同的政策来实现前述目标。假设正义原则要求赋予后进生们更多的优先权，那么你就会希望推动如下类型的政策或研究计划：这些研究将使你有更充分的理由选择那种首先惠及后进生的政策，而不是去选择那种考虑惠及整体成绩的政策。

当然，政客们通常不会愿意在公众面前承认在后进者收益与整体收益之间存在取舍的问题，相对的，他们总是喜欢宣称其政策是致力于实现每个人的利益。一些情况下，他们更愿意使用那些表面上看起来不那么具有规范性的概念来评估政策。比如，近期世界银行的文件中就采用了人力资本与社会资本的概念来评估发展中国家不同干预政策的效果（参见世界银行 2001 年相关报告）。人力资本由人们所拥有的技术和知识构成，遵循这一观念，当人们受到更好的教育时，（在其他条件都相同的情况下）相应经济体的生产率也会变得更高。社会资本由互信和互惠的社会关系元素构成，这些关系能够使人们更有效地沟通，而不必在制定和执行精确契约时付出交易和监控方面的高成本。同样，遵循这一观念，当人们具有更高水准的社会资本时，经济体的生产效率和生活质量也会相应地得到提高。人力资本与社会资本从经验性的角度看是可观察的，而且两者也显然都有着很大的意义，因此人们很容易将人力资本与社会资本的发展作为评估政策效果的单独标准。但是，当考虑到增加人力资本存量的问题时，我们就会发现，不同的政策将对不同人群产生不同的效果。例如，致力于在中短期内最大化人力资本存量的目标，会使政策制定者专注于培育本国的知识分子和技术精英，并且提供充分的物质激励措施以防止这些人才移民国外（移民当然意味着人力资本的流失）。但这项政策可能对社会中的弱势群体而言并无多大的帮助。不过，即便如此，无论其是否考虑到了某种正义原则对于资源、教育和其他类似之物进行分配的诉求，这项政策仍可能被认为是合理的。在一部分人与另一部分人的利益之间做出取舍是无法回避的问题。许多政客在私下里都非常理解在现实世界中包含着交易的内容，而他们手下的公务员们也必然会把注意力放在那些需要权衡交易的需求上。但是，如果没有一种规范性的正义理论来告诉这些人哪些变量与交易相关，他们就将无从了解那些他们需要发现的信息。

本书的计划

本书将按照如下进程展开。在第二章中，我讨论了一些从理论上阐明正义问题的方法论方面的主题。正如我所宣称的那样，如果这一任务在于论证一组价值之间的相互关系的话，那我们到底又应该怎么做呢？当然，这一任务无法通过收集经验性的数据和设定解释这些数据间关联性的假设的方式来完成。在此章当中，我说明了一些政治哲学学者们用来思考正义问题并为自己的相关运用进行辩护的手段。我也对相关的理论化工作进行了辩护——鉴于人类本性的限制，是必须对何为可行之事提供现实假设前提的。

在第三章中，我介绍并讨论了约翰·罗尔斯❶的作为公平的正义的理论。这一章的篇幅最长，也是最有难度的章节，但无论是其篇幅的长度还是内容的复杂性都是无法避免的。罗尔斯在 20 世纪 60 年代提出了他的理论，并在其 1971 年发表的著作《正义论》中对其理论进行了详尽的辩护。所有自那以后在英语世界中对正义问题进行理论化探讨的工作，都是在罗尔斯所设定的框架中进行的。即便一些理论家们完全不同意罗尔斯的观点，这些人也需要对此做出解释。因此，作为全面掌握相关理论的这样一部分导读性内容，本章又是值得一读的。

在第四章中，我着眼于探讨由阿马蒂亚·森❷和玛莎·努斯鲍

❶ 约翰·罗尔斯（1921–2002）：美国政治哲学家、伦理学家，哈佛大学教授，20 世纪英语世界最著名的政治哲学学者，主要研究领域为政治哲学中的正义理论问题等，其主要论著的中译本包括《正义论》（中国社会科学出版社 2001 年版）、《作为公平的正义：正义新论》（上海三联书店 2003 年版）、《政治自由主义》（译林出版社 2000 年版）、《政治哲学史讲义》（中国社会科学出版社 2011 年版）、《道德哲学史讲义》（中国社会科学出版社 2013 年版）等。——译者注

❷ 阿马蒂亚·森（1933–）：印度经济学家、政治学家，曾任英国剑桥大学三一学院院长，主要研究领域为经济发展理论、福利经济学、社会选择理论等，其主要论著的中译本包括《以自由看待发展》（中国人民大学出版社 2002 年版）、《理性与自由》（中国人民大学出版社 2006 年版）、《身份与暴力——命运的幻象》（中国人民大学出版社 2009 年版）、《正义的理念》（中国人民大学出版社 2012 年版）、《贫困与饥荒：论权利与剥夺》（商务印书馆 2001 年版）等。——译者注

姆[1]提出的，被称为可行能力的相关问题。可行能力，最初是作为一种替代国民生产总值，以及其他一些基于收入因素来衡量国家间相对发展水平方式的概念而提出的。森的观点认为，货币并不总是一个用来衡量人们真实生活境遇的好标准。相对的，人们拥有去做那些自己认为有充分理由去做的事情的自由才是一个更好的衡量标准。但是，在提出这一观点时，森也提出了一个规范性的立场预设，这一立场预设所探讨的是，从正义的角度来看，什么东西才是重要的。而本书的这一章节则探究了对于这一立场本身的相关争论。

在第三章和第四章中所探讨的两种理论都要求进行相当程度的再分配，以规避我们从相对自由的资本和劳动力市场的运作中所能预期产生的那些经济后果。特别的，这两种理论都要求回到人们的才能禀赋受到各种各样限制的状态中去。第五章的内容则考察了另外两种理论是如何反对那些得到前人理论论证支持的大规模再分配行为的。其中，米尔顿·弗里德曼[2]认为，在民主社会当中，一种对于自由作用的恰当理解将严格地限制再分配的规模。而罗伯特·诺

---

[1] 玛莎·努斯鲍姆（1947–）：美国哲学家，芝加哥大学教授，主要研究领域为女性主义、多元文化和教育伦理等，其主要论著的中译本包括《正义的前沿》（中国人民大学出版社 2016 年版）、《寻求有尊严的生活：正义的能力理论》（中国人民大学出版社 2016 年版）、《功利教育批判：为什么民主需要人文教育》（新华出版社 2017 年版）等。——译者注

[2] 米尔顿·弗里德曼（1912–2006）：美国经济学家，芝加哥大学教授，芝加哥学派代表人物之一，主要研究宏观经济学、微观经济学、经济史等，其主要论著的中译本包括《自由选择》（与罗丝·弗里德曼合著，机械工业出版社 2008 年版）、《实证经济学论文集》（商务印书馆 2014 年版）、《货币稳定方案》（上海人民出版社 1991 年版）等。——译者注

齐克[1]也认为，对人的尊重要求我们允许个人从他们的生产性活动中获得收益，他声称："税收堪与强制性劳动相比"。

鉴于在第五章中考察的古典自由主义与自由放任主义理论抱怨罗尔斯和森的平等主义理论都表现为不充分的个人主义，我在第六章中就将考察一下那些宣称自身更具个人主义色彩的社群权利理论家们的观点。我考察了如下观点，即，正义原则就像要求个体那样要求社群也应当成为一些基本权利的载体；而在一些情况下，一些社群可以被赋予其他社群所未被赋予的权利。我详细地考察了威尔·金里卡[2]的相关著作，他的著作探讨了社群间的差异化权利对于世界上的政策制定者和非政府组织将产生极大影响的相关问题。

第七章的内容包含着一种制度性的关照。在介绍了一些主要的争议性理论之后，我考察了它们是如何应用于三类政策主题，又是如何以这样或那样的形式在许多发达国家中出现的。第一类政策主题是平权运动。在这类运动中，问题在于，那些因为历史原因处于弱势地位的群体，是否应当被赋予优先获得工作或是进入高等教育机构学习的权利。第二类政策主题探讨的是，如果存在此类情形的话，国家应当采用何种措施来促进社会流动。而第三类政策主题则关注

❶ 罗伯特·诺齐克（1938–2002）：美国哲学家，哈佛大学教授，古典自由主义学派重要代表之一，主要研究领域为自由社会理论、国家学说等，其主要论著的中译本包括《无政府、国家和乌托邦》（中国社会科学出版社 1991 年版）、《合理性的本质》（上海译文出版社 2012 年版）、《苏格拉底的困惑》（新星出版社 2006 年版）等。——译者注

❷ 威尔·金里卡（1962–）：加拿大政治哲学家，女王大学教授，主要研究领域为多元文化理论、动物伦理学等，其主要论著的中译本包括《当代政治哲学》（上海三联书店 2004 年版）、《多元文化公民权：一种有关少数族群权利的自由主义理论》（上海译文出版社 2009 年版）等。——译者注

家庭劳动分工以及男女同工同酬权利地位的相关问题。每一种争议性的理论都是通过它对这些问题的描述或应该表达的内容来检验的。

第七章的相关内容为接下来的章节做好了铺垫。我所考察的大多数理论都承认，从原则上讲，人们在一些领域内的行为不应当受到正义标准的评判，而应当被认为在本质上属于私人事务的范畴。许多围绕第七章中提及的政策主题所产生的不同意见，揭示出不同理论间在判定何种行为或问题应当被归入私人事务范畴方面存在的差异。因此，我在第八章的内容中，将考察一些将私人—公共领域的区分变成比主要的争论者所希望的更大的问题的尝试。我特别考察了 G.A. 柯亨[1]反对罗尔斯理论的讨论。他声称，社会的基本结构（而不是个人的选择和行为）是实现正义原则的首要课题。而在南茜·弗雷泽[2]的理论中，她也尝试着整合分配与承认的价值。

最后，在结论部分，我将对此前考察的一些理论的共通之处做出注释，并且探索一些关于正义的保守主义反思方面的问题。

---

[1] G.A. 柯亨（1941–2009）：加拿大政治哲学家，牛津大学教授，分析马克思主义学派创始人及主要代表，主要研究领域为分析马克思主义理论等，其主要论著的中译本包括《拯救正义与平等》（复旦大学出版社 2014 年版）、《自我所有、自由和平等》（东方出版社 2008 年版）、《为什么不要社会主义？》（人民出版社 2011 年版）等。——译者注

[2] 南茜·弗雷泽（1947–）：美国政治哲学家，美国社会研究新学院教授，主要研究领域为新马克思主义女性主义理论等，其主要论著的中译本包括《再分配，还是承认？——一个政治哲学对话》（上海人民出版社 2009 年版）、《正义的尺度——全球化世界中政治空间的再认识》（上海人民出版社 2009 年版）、《正义的中断：对“后社会主义”状况的批判性反思》（上海人民出版社 2009 年版）等。——译者注

第二章　理想理论及其制度可行性

有许多学生在第一次接触到政治哲学时都会感到某种挫败感。因为，政治哲学的内容看起来太过于抽象和专业了。但有时，某些事物看起来很难也只是因为其表面上显现出的难度。如果你带着一些对于当代政治议题的关照来进入政治哲学的领域，其结果可能看起来也确实令人失望。因为你所感兴趣的是诸如全球化、性别平等、第三世界债务、资本主义等之类的议题；而政治哲学家们所感兴趣的却仅仅是权利的本质，或是哪些事物应当被平等地分配，以及权利与义务之间的关系之类的议题。他们也可能完全不关心其理论是如何被运用于他们与我们所共同生活的这个世界当中的。

倘若你产生了如上的感觉，那么我对此是部分赞同的，而本书的主题之一，也正是主张政治哲学家应当比他们通常看起来那样更加关注政治制度的议题。但是我对此感觉的赞同也仅仅是部分的。事实上，你第一次在政治理论课上时所接触到的那些高度抽象化的著作，其作者们往往也同样在其中广泛探讨了他们的理论对于现实世界的意义。因此，对政治哲学产生何种印象，在一定程度上其实取决于在最初的介绍性课程中选择了前述哪部分内容。尽管在这个领域中选择抽象的内容会给人留下误导性的印象，但这样的选择却仍可谓一种正确的选择。因为，在你充分了解这些理论本身是如何建构，以及要如何在哲学意义上与这些理论展开对话之前，去思考这些理论是如何运用于现实当中的问题便丝毫没有意义。因此，学习如何从事政治哲学研究的最好路径就是去“观察”理论本身的形成。在本书当中，我在评论一些重要的正义理论时，也尝试着展现出这些理论是如何建构，又是如何展开争论的。在此，我首先想介绍一些常用的哲学方法，对其运用做出辩护，并且随后考察基于现实世界的考量应当如何限制我们的理论化工作。

哲学是什么？对此问题进行的系统性研究是无法通过简单收集这个世界上可观察到的数据以及设定基于这些数据相关假设的方法来得出答案的。“地球是平的吗？”并不是一个哲学问题，因为这一问题最终是通过观察而提出的。相对而言，“知识的本质是什么？”则是一个具有哲学意味的问题。因为可以确定的是，离开了相关体验（除非我们并不真实存在），我们就无法提出这个问题。但同样可以确定的是，对这一问题的答案又并不取决于观察本身。哲学问题很可能存在确定的答案，因为确乎存在着关于它们的一些真理。但是，理论性的而非经验性的理由，才是达致真理的手段。在哲学当中，道德哲学的领域会提出诸如我们应当按何种方式生活，以及何为良善生活之类的问题。而这些问题又是由一系列问题所构成的：诸如“是什么造就了一个成功的人生？”“行为的价值是取决于其所造成的后果还是其背后的动因？”“到底是事态还是人自身的特性才是价值的最终承担者？”以及一些更接地气的问题，如“堕胎在道德上是否错误？”“说谎是正确的吗？”等。

对于正义的理论化工作归属于道德哲学的次级领域。在此，政治哲学首先考虑到的问题是，我们如何通过社会制度与其他人相联系。正义理论告诉我们：当我们设计、改革或者生活在特定的社会制度中时，什么样的原则应当发挥指导性作用？我们应当如何得出关于这些事务的结论呢？在本书接下来的内容中，哲学家们最为经常地探讨的方法，便是被罗尔斯称为“反思的平衡”[1]的方法。这种方法引导我们按照如下的路径发展出一种正义理论：我们罗列出针对个别情况的经过深思熟虑的各种判断，并考察它们是否彼此协调一致。在我们发现那些不一致之处时，我们就需要修正那些我们没有理由去充分相信的判断（例如，我们有理由怀疑，一些自利性因素可能驱使我们得出一些既定的结论）。我们也罗列出那些我们判定适用于普遍情况的各种原则，并考察它们是否具有一致性，同样去修正那些我们没有理由去充分相信的原则。接下来，我们再将这些判断与原则进行互证。看看它们彼此间是否保持了一致性，看看其中一些原则是否在基于其他判断的视角来考察时显得更不可信，反

[1] 由罗尔斯在《正义论》中提出的思想方法，其原文为：“在寻求对这种原初状态的最可取描述时，我们是从两端进行的。开始我们这样描述它，使它体现那些普遍享有和很少偏颇的条件，然后我们看这些条件是否足以强到能产生一些有意义的原则。如果不能，我们就以同样合理的方式寻求进一步的前提。但如果能，且这些原则适合我们所考虑的正义信念，那么到目前为止一切都进行得很顺利。但大概总会有一些不相符合的地方，在这种情况下我们就要有一个选择。我们或者修改对原初状态的解释；或者修改我们现在的判断；因为，即使我们现在看作确定之点的判断也是可以修正的。通过这样的反复来回：有时改正契约环境的条件；有时又撤销我们的判断使之符合原则，我预期最后我们将达到这样一种对原初状态的描述，它既表达了合理的条件；又适合我们所考虑的并已及时修正和调整了的判断。这种情况我把它叫做反思的平衡。”参见《正义论》（中国社会科学出版社 2001 年版，第 17-18 页。）——译者注

之亦然。

当然，上述这种方法所能给予我们的，最多不过是一组彼此协调的价值判断序列。但是，如果我们共同进入与那些被类似的理性标准所束缚的人们展开对话的进程中，我们就可以对结论的真实性产生出更大的信心。他人能够提供一些我们并未注意到的考量因素，他们也能提醒我们注意到自身判断的一些缺陷，并迫使我们更加努力、完善地进行思考。如果我们汇聚了那些我们在很大程度上并不赞同的人们对于特定问题的结论，我们就将对自己的相应判断树立起更大的信心。我们永远不能确信我们已经发现了关于正义的最终真理。但是，这种反思的平衡的方法至少可以为我们开辟出一条朝此目标不断进步的道路。

我所说的“对于特定情况所作出的判断”以及“原则”到底意味着什么呢？一种自传体式的评注或许将有助于体现那些我担心无法很好表述的文意。在 20 世纪 70 年代末期，我接受的是一种前理论的视角，在英国的青少年中，我的这种政治观点十分常见：我认为没有理由授权种族主义者自由发表言论，也没有理由授权一些人发表反社会的观点，而政府对于那些带有攻击性的电影进行审查也是完全没有问题的。因此，我所遵循的是如下的原则：“政府应当有权审查那些符合反社会的客观标准的表达”。一天上午，我打开了收音机，听到了吉米·杨（一位流行音乐节目主持人）的声音，他声称他将马上与一位尝试在其教区内禁止放映一部新电影《兰波[1]》的

---

[1] 让·尼古拉·阿蒂尔·兰波（1854–1891），法国诗人，早期象征主义诗歌的代表人物，超现实主义诗歌的鼻祖，曾是同性恋者。——译者注

英国国教牧师展开对话。当时我对此做出了十分愤怒的反应："这个多管闲事的家伙怎么敢尝试禁止放映一部关于法国著名的同性恋诗人兰波的电影？"（上述判断是针对一个单独的个案，即"对于《兰波》这部电影的审查是错误的。"）尽管如此，当对话开始后，我发现这位牧师所反对的并不是同性恋的银幕形象，而是对这部电影过分渲染暴力感到不满。显然，这部电影指的是由西尔维斯特·史泰龙所主演的《兰博》❶，而不是《兰波》（对于《兰波》而言，选择史泰龙为主演当然会是一个奇怪的决定）。《兰博》这部电影完全没有涉及同性恋或者诗歌之类的主题，而我在聆听这位牧师观点时也并没有对他所探讨的话题感到困惑，甚至我对他所说的每一句话都表示赞同。（我针对这一单独个案的判断是："对《兰博》这部电影进行审查是完全正当的。"）事实上，我对于单独个案所做出的判断和我的原则之间并无冲突，但是当我被迫根据情境去思考原则，并同时考量两种判断之后，我认识到，我并没有为坚持我的原则提供一个良好的基础，除非我对于表达自由本身采取一种更加开放的（我敢说，这也将是一种更为合理的）态度。

如何使我们对于特定情况的判断相对独立出来呢？通常，我们并不会足够幸运地在一个流行音乐节目主持人的强迫下进行思考。相应的，我需要介绍两种在对正义问题进行理论化工作时常用的方法。第一种方法是思想试验。思想试验往往是一些带有非常不现实倾向的人为产物，在这些思想试验中，理论家们设想出一种情形，

---

❶ 由史泰龙主演的《兰博》又称《第一滴血》系列电影，此处应指 1982 年上映的第一部，其中包含大量暴力内容。——译者注

即遵循某种原则会带来一种不可接受的后果，或者是我们先前认为保持一致的两种判断实际上是彼此冲突的。思想试验经常被期许在所有相关方面都应当类似于现实生活中的案例，但在现实生活中，一些据此产生的判断却常常表现出不适用性。最为著名的，在我看来也是最好的道德哲学领域的思想试验，就是朱迪斯·贾维斯·汤姆逊[1]在她于1971年发表的论文《为堕胎辩护》中提出的"小提琴家"案例。汤姆逊在两种类型的案例间进行了类比：一种情形是，堕胎的准母亲是在遭到了强暴之后怀孕的；而另一种情形是，一位著名的小提琴家将死于一种罕见的血液疾病，而这种疾病只能通过将你（即读者）与小提琴家的身体连接起来（时间比如说九个月），以使后者能够使用你的身体来清洗他的肾脏，他才能得以治愈。由于据说你是这个世界上仅有的和这位小提琴家拥有同种血型的人，一个音乐爱好者协会的成员便自作主张地绑架了你，并将你的身体同小提琴家连接起来，而当你清醒之后，你发现自己并不愿意进行这种连接，于是便逃跑了。——在现实中大概没有人会去这样做。汤姆逊在这个案例中提出的问题是：小提琴家是否有权利使你的身体与其连接在一起。对此，她假设她的绝大多数读者做出的都将是否定性的回答。然而，汤姆逊又说道，在上述小提琴家的案例与受到强暴而怀孕的堕胎案例之间又存在着什么样的区别呢？只有当一位准母亲处于自身意愿的情况下，她才可以成为胎儿的载体。而在前述情形中，准母亲并不是出于自身意愿而怀上孩子的：她是因为某些

[1] 朱迪斯·贾维斯·汤姆逊（1929–），美国哲学家，麻省理工学院荣誉教授，主要研究领域为形而上学和道德哲学等。——译者注

强制性原因而受孕的（无可否认的是，如同小提琴家无权强制你同他建立身体连接一样，胎儿也没有这样的权利）。因此，至少在因强暴而导致受孕的案例中，堕胎行为并非一种错误。

接下来，汤姆逊又进行了另一些思想试验，以展现在更广范围内的案例中堕胎行为也是可以被允许的。但是，我准备聚焦考察的是这一思想试验在现实中显示出来的极大局限性。当我讲授汤姆逊的这篇论文时，我发现大部分反对堕胎的学生并没有因为从中得到任何关于堕胎行为可被接受的理由而最终被劝服。但事实上，汤姆逊的论文与其说是直接论证了人们有权堕胎，不如说展示出了其他一些十分不同的内容，即无论堕胎行为是否正当，它都与胎儿的生存权并无关联。鉴于堕胎权的支持者和反对者们常常争论胎儿是否具有生存权，汤姆逊在讨论的一开始就对此做出了肯定性的回答。她的思想试验是如此引人注目，因为她将小提琴家与胎儿进行了类比，而前者作为成人，显然是具备成人所典型具备的所有权利和道德立场的。当我们说，我们有权逃离与小提琴家身体间建立的连接时，我们确实在理智上确信，这位小提琴家作为一名成人，毫无疑问地拥有生存权。并且我们也确知，如果我们逃离的话，他就会失去生命。至关重要的是，即便小提琴家将会失去生命，我们也并没有侵犯到他的生存权。堕胎行为的反对者们坚信胎儿拥有生存权，小提琴家也有生存权。即便在受孕是源于遭受强暴的情形中，他们也并没有在汤姆逊思想试验的强制影响下放弃他们关于堕胎行为是一种错误的观点。但是，如果他们想论证逃离与小提琴家的身体连接是可以被允许的话，他们便要被迫思考一下另外一些类似领域的问题，而不是以胎儿的生存权来作为评判堕胎行为错误性的充分理由。在我个人的经历中，我发现，学生们往往能明智地发现其他领域中用以支持他们所坚信的观点的案例。然而，他们已经放弃了反堕胎运动的核心口号，即所谓“生存权”的口号。胎儿当然拥有生存权，但是这无法论证堕胎行为本身是一种错误。

以上，我已经详述了这个思想试验，因为它简明地展现出思想试验方法本身的力量与局限性。好的思想试验是具有力量的，因为它们能迫使我们去审视那些我们之前只是通过假设而做出的判断，并且显示出这些判断其实是毫无理由的。在强调迥异原则之间的冲突时，思想试验显得尤有力量。汤姆逊设想了这样一组特定的观点组合，这些观点本身都是常见的，但她认为它们的有效性都是难以持久的。这一观点组合包括：

（a）对于妇女无权堕胎的观念；

（b）关于人们没有普遍义务去帮助陌生人的观念；

（c）关于人们拥有支配自己身体的强权利的观念。

汤姆逊在她的论文中声称，就像她支持上述第二种观念一样，她也支持上述第三种观念。但她也说明了，如果你接受了这两种观念，你也就无法始终如一地坚持第一种观念了。

思想试验又是存在着局限性的，因为它们倾向于不支持关于何为对错之类的特定结论，而仅是展现出一些支持得出这样一些特定结论的理由是成立的，而另一些是不成立的。相对的，另一种常见的用以分离我们对特定情况判断的方法则是讨论现实世界中的特定案例，以及对于这些案例的相关研究成果。以美国为基地的政治理论家们形成了一个探究最高法院案件审理理由的悠久研究传统。例如在美国，事实上，许多关于自由表达权（关于这一问题，下文中还会有所涉及）的理论性工作，都与最高法院对相应案件首次做出的判例，并据此逐渐形成的各种对于表达自由限制条款的相关内容。下面的一组案例，就构成了理论化地探讨良心自由的范畴与意义问题的基础（参见加尔斯通 2002，威特曼 2000）。在那些缺乏多元化意见的国家里，现实的政治困境时常构成了政治理论家们思考的案例研究内容。在最近出版的一本探讨父母在多大范围内可以采取为自己的孩子带来好处的行为这一难题的著作中，作者审视了由哈丽特·哈曼[1]所提出的那些支持性的理由，继而，这位英国工党的年轻政治家为了表示对其观点的辩护，将自己的孩子送入了一所预科学校（斯威夫特，2003）。另一些理论家的研究，则始于考察那些提供给涉及医疗保健资源的分配处于最小化还是最大化水平的公共性理由（布坎南等 2000，丹尼尔斯 1985），或是对特定战争正当性的辩护（默伦多夫 2000，瓦尔策 1977），以及关于多语言民族国家的政府是否应当照顾少数语言民族的正义问题等（金里卡 1995）。

尽管大多数的理论家们都倾向于使用上述两种方法中的一种，但两种方法都是极有价值的，并且两者还能够很好地相互补充。我在下一章节中将讨论这样一种观点，这种观点认为，政治原则只有具备可行性，才能算得上是好的原则。现实世界中的案例使得理论家们落脚于现实，并且告诉我们何为可行之事的观念（但也仅仅是

[1] 哈丽特·哈曼（1950– ），英国工党政治家，工党副主席，国会议员，曾力推在就业方面消除歧视性标准的平等法案。——译者注

一种观念而已）。同时，那些专门从事案例研究的理论家们很容易被误导产生一种对何为可行之事的观念，但这种观念是具有很大局限性的：例如，一些美国的民主理论家们就认为，似乎美国当代生活的特殊环境应当限制我们对终极理想的追求。然而，他们是错的：因为，他们或许在很大程度上限制了一种可以成为达致建设一个更好美国目标的战略，但他们并不能限制我们对终极理想的追求（加尔斯通，2002）。思想试验的方法则有着几乎与体验方法完全相反的优点和缺点。思想试验的方法是在哲学的非规范性领域内发展出来的一种方法。在这些领域内，无须考虑何为可行的问题，而这种方法也因此具有某种欺骗性：我们被允许设想出一些理论上可行的事情，但历史地看，这些事却是完全不可能发生的。显然，当我们这样做的时候，我们并没有注意到任何一种可行性的限制。换而言之，谨慎地使用思想试验的方法，能够提醒我们去注意其他一些被掩盖起来的可能性。

上述两种方法看起来都具有高度的抽象性和专业性，并且会以我在本章开头处所描述的那样使读者望而却步。因此，在继续解释保持对现实世界关注的重要性之前，我还是想要先为抽象哲学思考的重要性提供辩护。

再次考虑一下自由表达权的问题。我们中的大多数人都认为这是一种正义的社会有义务加以保护的基本权利。但是，这种保护意味着什么，或者更准确地说，哪些自由表达应当得到保护呢？显然，这并不意味着所有的表达都是应当得到保护的。请大家考虑一下"射击髌骨"刑罚的案例。这一刑罚常常被 20 世纪 80 年代的北爱尔兰共和军用来对付英国警方的卧底线人和非法的毒贩。“射击髌骨”刑罚要射击受害者的膝盖以使其软骨组织遭到不可恢复的伤害。而这一刑罚的核心目的就是向那些潜在的卧底线人与毒贩“发出一个信号”以震慑他们。事实上，没有人会认为这种刑罚作为一种表达方式应当受到保护。相应的，一个即时反应则是，除了那些非法的表达方式之外的表达行为都应当得到保护。然而，显而易见的是，这一原则又允许政府去选择那些应当被保护的权利：如果政府制定了一个针对公共祈祷的法案，那么公共祈祷就被认为是非法的，因而也就不值得受到相应的保护。

指出何种表达行为应当受到保护而何种行为不应当受到保护的唯一途径是进行哲学化的工作。抽象地说，这项工作的内容涉及：通过保护表达自由能够实现哪些基本利益，而这些与他人相关并可能受到特定表达方法伤害的利益又有多么重要。这是一个专业性和抽象性的过程，会使我们像思考真实存在的案例那样来思考假设性问题（在柯亨 1993，兰顿 1993，以及斯坎伦 1972 等相关著作中，提供了一些很好的例子）。

让我们也来思考一下法定婚龄的问题。我们对于权利问题的标准观点（我将假定这一观点贯穿于本书的大部分内容中）是：权利的享有者被假定是能够自治的，而自治的人在判断什么样的事对于自身可能带来好处的问题上又是强于其他人的。但是年轻的孩子们并不是这样。年长的孩子以及青少年们或许更擅长于判断他们的生活世界一些领域中的最佳选择，但在另一些领域内则并非如此。而且，我们当然也不能全都在突然间变得比同年龄段中的其他人更擅长于判断对我们有益之事。因此，法定婚龄就应当依据统一的标准适用于所有对象，并且准确地反映出我们在成为具备自主决定能力的成年人过程中的实际利益。如果这个年龄设定得过小的话，就可能引发使孩子们承担眼前和长期伤害的风险。而如果这个年龄设定得过大的话，则可能引发实施一种压迫性标准的风险。但是，建构对于伤害和收益的判断标准，以及设定人们应当合理负责的内容，都无法通过简单地进行调研或考察生物学事实的方式来得以实现。相对的，这项工作要求我们做出哲学化的反应，设想出一些原则，并考虑针对这些原则的反例。

尽管政治哲学相关研究的推进某些时候看起来是无法脱离对现实世界真实案例的关照的，但并非所有情况下都是如此：事实上，虽然一些哲学方面很好的例子保持了对于现实世界难题的关注，比如国际关系与军事干预的正义性问题、健康权与医疗保健权问题、平权运动问题，以及堕胎的道德合法性问题等（对此，可以根据拓展阅读指南进行进一步的阅读）。但是，有些情况下，在理想理论（其目的在于建构关于正义的原则，而这项工作可以与现实完全无涉）与这些理论应用于现实制度的可行性之间却存在着一个明显的鸿沟。按照这样的观点，我们的正义理论只是设定了某种规范性的理想，一种即便我们知道不可能完全达致但仍会追求的理想。当进行制度设计时，我们就会选择那些能够最好实现我们此前提供的原则的制度，即便它们并不可能完全地实现相应原则。

我现在准备转向探讨两个不同的领域，论证为什么一些关于现实世界的事实即便在设计抽象的正义原则过程中也十分重要。特定的事实与考虑何为制度可行性的问题存在关联，而正义原则也只能通过制度的载体得以实现。基于如下理由，我希望解释可行性问题在某种意义上并不应当受到拒斥。这个理由其实很简单，那就是在道德理论中存在着的一个被其称之为“应当意味着能够”[1]的口号。这一口号意味着个人主体没有义务去做那些他们完全不可能做到的事情。例如，声称人们有义务跳上月亮就是极其荒谬的（即便说人们已经承诺跳上月亮了）。这不仅是因为很难把跳上月亮的行为视为一种道德行为，而且也因为人们完全不可能完成这一行为。在威廉·斯泰伦著名的小说《苏菲的选择》一书中，苏菲听说她的一个孩子将被杀死，而另一个孩子则将获救，她必须选择哪个孩子将会生存下来。对苏菲而言，她不可能同时保住两个孩子的生命，因此她也就没有义务去同时保住两个孩子（尽管在可能做到同时拯救两个孩子时，是肯定存在着这样一种义务的）。[2]

正义原则描述了社会成员共同对彼此承担的义务。在上述案例中，“应当意味着能够”只是一个更复杂一些的口号，而对于我们而言更为困难的，是去了解相对于个人行为的可能性，社会制度设计方面存在着何种可能性（其实，在个人行为的案例中，问题也并不那么简单）。但是“应当意味着能够”的口号仍是可以保留的。鉴于这样的事实，完全不可能实现的正义原则就是错误的原则：它们并

---

[1] “应当意味着能够”是由康德提出的一条伦理学原则，指如果从道德上有义务采取某种行为，那么这种行为在逻辑上就应该是能够实现的。——译者注

[2] 在由美国小说家威廉·斯泰伦创造的这本小说中，主人翁苏菲被拘押于奥斯维辛集中营，纳粹迫使她做出在两个孩子中择一存活的决定，但最后两个孩子都未能幸存。——译者注

不可能真正地描述出相应的义务。

随后，我将要通过讨论两个例子来阐述这一点。第一个例子是艾伦·布坎南[1]在其关于分离运动正当性的作品中提到的（布坎南，1998）。第二个例子则是安德鲁·莱文[2]在其关于劳动力市场上报酬公平的作品中提到的（莱文，1999）。

布坎南考虑到了比如最近发生在前捷克斯洛伐克、埃塞俄比亚以及曾经属于前南斯拉夫地区的那些国家，即一个新国家刚从先前存在的国家中独立出来的情况。布坎南区分了两种主要的理论：基本权利理论与救济性权利理论。[3]基本权利理论认为，存在一个支持独立的假定：只要特定的程序性条件得到满足，特定群体就能够从现存的国家中独立出来。例如在独立公投中，寻求独立的多数人群体获得了胜利。相对的，救济性权利理论则意味着反对独立。持此观点者主张，只有当这片土地上的居民已经遭受不公正待遇，并且必然预计到除非实现独立，否则他们就仍将遭受到不公正待遇的情况下，才可以从特定领土上分离独立出来（不公正的明确内涵，显然不包括分离独立的主体无权独立这一事实）。

布坎南建立了三条评价上述不同类型理论的标准：

---

[1] 艾伦·布坎南（1948-），美国政治哲学家，杜克大学教授，主要研究领域为政治哲学领域中的正义理论等，主要论著的中译本包括《马克思与正义》（人民出版社 2013 年版）等。——译者注

[2] 安德鲁·莱文，美国经济学家，达特茅斯学院教授，曾任美联储首席经济学家。主要研究领域为货币金融学等。——译者注

[3] 基本权利理论一般适用于大陆法系国家，强调权利的法定原则；相应的，救济性权利理论则一般适用于英美法系国家，强调救济先于权利，或救济的前提并非权利，而是侵害行为的发生。——译者注

1. 最低限度现实主义的标准。考虑到的理论必须包含如下内容，即“制定和应用国内法的现实过程，应当保证一些具有重大意义的前景与其最终得以实现”。（布坎南，1998：42）

2. 与国际法的道德进步原则相一致的标准：即这一理论应当与国际法中那些符合正义标准的原则保持协调一致。

3. 不存在不当动机的标准。国际法中的相关理论，肯定不能为那些试图避免分裂的代理人针对宣称或者在未来宣称自己拥有独立权的领土上的居民施加不公正后果，或者其他一些有害的后果提供动机。

布坎南提出了两条主要意见来反驳基本权利相关理论对于我们的价值。首先，它们在最低限度上也是不真实的——“即便当这些国家完美地履行了人们认为是一个国家应有的完美职能的情况下”，这些理论依然认可了对国家的分裂（布坎南，1998：45）。考虑一下如下被我们称为“合伙人理论”的分离理论。这一理论声称，每当一个分享着国家认同的持久性历史资源的群体具备了建立一个属于他们自己的独立国家的实践能力，并且这个群体中的绝大多数成员对建立自己的国家都抱有强烈意愿的情况下，这个群体就拥有了建立属于其自己的国家的基本权利，即分离独立的权利。这一理论允许那些并未遭到不公正对待的族群寻求独立，即便这个族群中并不存在对于他们所试图脱离的国家不正义行为的抱怨。很容易理解的是，为什么现存的国家在制定国内法的内容时，都不会愿意以上述理论作为指导立法的原则。更进一步说，至少正义的国家也应当具备捍卫其领土完整的“道德性的合法权益”。建构一个或多或少地符合正义原则的国家是一项相当重大的制度举措，更不必说，并没有相关的保障性措施来确保“政治离婚”后的两个国家都能够维持一个正义的政体。

但更为引人注目的是，布坎南指出，初始性的权利理由造成了不正当的诱因。因此，设想一下同伙人理论被载入一国国内法的情形：任何一个在其内部存在着怀有分离野心族群的国家，也将相应产生阻止该族群在现实中构建一个实际运转的国家的动机。举例而言，这种动机可能带来如下政策：如实施各种类型的种族清洗，使具有分离倾向的族群无法积聚重要资源，修改选举体系以抑制具有分离倾向的族群的表达权，或是阻止那些即使是十分有限意义上的自治行为——因为这些自治行为可能会导致分离野心的表达，并且使相应的族群发展出实现更高程度自治的能力。这是一种（a）不正当的行为动机，但同时也是（b）一种阻止个体形成相应团体，从而可能具备分离国家能力的行为动机（这种动机是隐含着一些正义的局限性的）——而这也是由合伙人理论所赋予的一种终极价值（布坎南，1998：5）。即便原来的国家没有采取任何更为中立意义上的正义原则所禁止的行动，它是否会通过那些虽然并不那么违背正义原则，但实际上带来消极后果的种种手段，来妨碍具有分离倾向的族群享受相应的权益，也仍然是值得人们深思的。

布坎南所做的，是展现出一种我们在某些情况下会认为是非常具有吸引力的原则，即人们应当能够根据其自主意愿自由地实现联合。他也论证当这一原则应用于国家的建立或重建时，可能会使所谓自由联合体内的人们更难按照最初吸引他们的目标来实现自身的利益。在此，布坎南默认了这样一种观念，即一条好的原则应当是一条得到公共认可的原则，并且应当是一条能够在实践中兑现其承诺的好处的原则。他认为，合伙人理论是无法通过上述观念检验的。因此，这一理论就应该让位于一些其他的原则或其他类型的原则。以上就是一种反思性平衡的运用：我们看到了两种人们迫切需要之物，发现了两者间存在着的令人吃惊的冲突，并因而最终放弃了其中之一。

现在，规避布坎南上述反对意见的一个自然的方法是，承认许多版本的基本权利理论只构成了理想理论的一部分。所谓理想理论指的是：我们假设正义原则存在于另一些场域中。并且认为在这些环境中得到最完善应用的正义原则，并不存在于我们当下生活的这个混乱和不正义的世界当中。但对于这种思想策略而言也仍然存在着两个难题。其一，它并没有解决以上提到的一个问题，即正义的国家也存在去做一些坏事的动机。其二，分离理论只对那些每个共同体成员都被假定为无法得到公正对待的情况感兴趣。因此，对于分离独立的诉求也只是在不公正作为一种现实状态的前提下提出的一种应急性诉求。如果理论家们所提供的分离理论仅仅适用于如下情形，即假定除现有状态之外的其他制度都是按照正义原则安排的，那么，分离理论实际上就完全没有告诉我们如何去评估我们可能遭遇到的各种分离性诉求。

另一种规避布坎南对于基本权利理论反对意见的方法是承认我们对于最低限度现实主义标准的期许过于强烈了。毕竟，国家体制完全是专断性的，因此，也可以说它不具备固定的合法性。国家中的任何群体对于国家的诉求都等同于这个国家内其他群体的相应诉求的情形是完全不存在的。最低限度的现实主义标准使我们至少不可能从国家体系的宽泛形象角度去对其进行批判。设想一下，到底是什么样的最低限度的现实主义标准才可能需要适用于世界上 1100 个不同地区的正义理论？

我认为，至少针对布坎南展现的标准原意，以下观点是对于布坎南最低限度现实主义标准的一个有力的反对意见。即布坎南的最低限度的现实主义需求扭曲了那些反对具有更苛刻诉求的分离主义理论的案例，它赋予了那些现存的国家在对待国际法过程中的保守主义动机。但是，这一反对意见并没有在任何意义上证明基本权利理论相对于救济性权利理论的正确性，这是因为，不正当动机的问题仍然存在。

如果我们认为布坎南的最低限度的现实主义期许是过于强烈了，那么，遵循这一标准是否就意味着哲学家们完全不需要对这个世界上现实可行的事务保持关注呢？我现在就来尝试解释一下，为什么我认为一种更现实的最低限度现实主义对于政治哲学家们的研究而言是一种合理的要求。在提供这一替代性元素的过程中，我将转向探讨安德鲁·莱文对于劳动力市场上报酬不当性事务的相关研究。

正如我们将在本书的第三、第四和第五章的内容中所看到的那样，在当代政治哲学领域中占据支配性地位的正义理论挑战了人们对于功绩和收入间常识性关联的认知。这些理论将你所应得之物与你所负责之事联系起来，并进而论证：许多对收入产生影响的因素其实是那些我们并不负有责任的因素。例如，我们无法设想自己能够对我们的天生禀赋负责，我们只是因为幸运而非责任才拥有了这些禀赋，并且我们的幸运还在于这些禀赋就像它们实际上也被其他人所拥有那样，得到了相应的积极评价。类似的，我们受教育的程度也不是我们负责的结果。相应的，这一结果只是反映了我们父母所拥有的手段和机会，以及一个由投票来要求政策制定者对教育体系负责的更广泛意义上的社会中存在的手段和机会。但是，我们的天生禀赋与我们的受教育程度却是影响我们收入的因素。因此，从这个意义上讲，我们无法完全对自己的收入水平负责。尽管如此，一些理论家仍希望挑选出一个同样能影响我们的收入，并且在他们看来也是我们能够在更大程度上负责的因素，如我们对自己本职工作的努力程度。他们认为，社会制度至少应当根据这种努力程度来决定报酬水平。

莱文则反对上述理论，但他并没有批评那些理论割裂了贡献与报酬的联系（举例说，他并没有说天生禀赋应当是得到奖励的），而是批评这些理论不够彻底。他认为，即便是投入本职工作所付出的努力，也没有权利提出奖励性的诉求。

支持这一观点的方法之一就是指出，即便只是针对工作的努力程度，我们也没有办法充分承担起责任。这当然是一种非常值得注意的有力的论证意见,但却不是莱文的观点。相对于此,莱文则指出,没有一种方法，也不可能存在这样一种方法来证实工作的努力程度与产出之间的关系。对他的论证至关重要的是，要观察到任何一项工作上的些许努力都是不值得获得奖励的。如果肯尼思付出许多努力以成为一名成功的脑外科医生，而克莱门特恰好付出了同样的努力却只成为一名平庸的低等酒吧侍应生。那么，没有人会认为肯尼思和克莱门特应当获得同等报酬。这是因为，克莱门特所投入精力获得的技能（偶然的，这一行为是出于好的动机）在社会价值方面要远低于肯尼思所试图获得的技能，并且如果让人们对其工作努力程度负责是合理的话，那么让他们对指导自身努力方向的行为负责也将是同样合理的。毕竟，指向具有更多社会价值工作的努力是应当得到奖励的。然而，莱文通过考察当前深刻植根于资本主义市场劳动中的这种方式，指出，工作努力实际上很少得到相应报酬，这是因为，除了其他一些原因之外，要想收集到相关信息的代价实在是过于高昂了（甚至可以说是不可能的）（莱文，1999：412）。事实上，企业所做的仅仅是试图通过某些方法粗略地估算其员工们现实及潜在的工作成绩，而且，私人部门的工资标准还要受到市场价格的限制（莱文，1999：413）。在不同企业工作的两个人或许在工作上付出了同样的努力，却不可能平等地获得酬劳，因为，即便我们能够衡量他们的努力程度，其中一个企业也会要求更高的市场价格。除此之外，在公有经济部门当中，也不可能估算出工作努力程度对于组织化企业的价值。无论如何，如果我们的愿望是去对工作努力给予奖励的话，那么，仅仅是在企业和机构内部而不是按照横向标准来确定酬劳的做法，就与正义的原则相去甚远。最后，为了做出对社会有益的工作努力，你需要有一个工作。但是，在资本主义经济中，工作本身就是一种稀缺资源（莱文，1999：415–416）。考虑一下这种情形，朱利安与桑迪两人都申请进入一家有着高薪酬，并且其工作的社会价值获得充分肯定的律师事务所。他们都是具备高度竞争能力的候选人，然而，仅仅是因为类似于投掷硬币一般的偶然性原因，朱利安最终获得了这个职位。那么，我们会说朱利安现在就处于一个可以因为对其工作努力的社会性肯定而获得酬劳的位置上，而桑迪则并非如此，尽管后者在获得工作机会的前提下也将付出完全同等水平的得到社会性肯定的工作努力。显然，桑迪无法对这一结果负责。因为我们不可能确认人们能够承担责任的范围，因此，也就不可能，也不应该通过社会性的评估工作努力来给予酬劳。以上，就是莱文的相关论点。

相对于其实质性的主旨内容，特别能引发我兴趣之处其实倒在于莱文论述的结构。或许，他在工作努力是无法确定的这一点上是错的。但如果他是对的话，那么我认为他的论述结构就是站得住脚的。莱文的论述有着如下的基本结构：

1. 如果我们应该去做某事，那么我们可能就必须去做某事。

2. 因此，如果我们应当按照社会性评估来给予工作努力以酬劳的话，那么我们可能就必须按照社会性评估来给予工作努力以酬劳。

3. 然而我们不可能根据社会性评估来给予工作努力以酬劳。

4. 那么我们就不应该根据社会性评估来给予工作努力以酬劳。

在此，存在着两种显而易见的回应莱文论点的方法。一种方法是去否定不可能根据社会性评估来给予工作努力以酬劳这一观点。如果我们可能去确认评估工作努力程度，那么，莱文的观点就显然不能成立了。而另一种对于我现在的论述目的而言更为有趣的回应方法，则是去否定“应该意味着能够”的原则。这种反应方式认为，没有必要去设想出一种我们能够完全按照原则所要求的那样实施原则的情形。对于莱文的观点采用这一回应方式，我们或许就会发现，我们有很好的理由认为，工作努力不像其他一些对于收入的影响因素一样，它是值得作为合理酬劳的参照标准的。无可否认的是，我们无法使工作努力因素与其他影响收入的因素彼此分离开来。但是正因为我们了解到，工作努力的因素是独有的、值得作为合理酬劳的参照标准的，我们也就知道了，我们应当设计出一套制度去尽可能地接近于实现理想化的目标，而这一做法在实践上并不是毫无意义的。如果工作努力确实是独有的对应于合理酬劳的因素，我们就将有相当理由去实施如下一些政策：如去执行一种高水平的最低工资标准，去改革教育体系以使得无论是个人能力还是家庭财产的元素都不能对孩子们获得的教育资源量产生影响，去补贴医疗保健事业以保障每个社会成员都能处于可以付出工作努力的合理状态当中，以及其他一些类似的政策。

以上就是这种对莱文观点反对意见的一些内容，但我并不认为这种意见是成立的。假设你认为工作努力是仅有的一种获得相应酬劳的公正基础的话，那么就意味着所有其他对应于酬劳的基础都是不公正的。再设想一下，如果你认为没有一个制度体系能够完全公正地给予酬劳的话，那么也就意味着你认为有一些社会资源将不可避免地按照不公正的原则加以分配。然而，可以推测，你是认同存在一些或多或少可以对剩余资源进行公正分配的方式的。因此，举例来说，如果酬劳是在尽可能大的比例关系上对应于工作努力的因素，但其余的部分则是按照照顾白种人的标准来支付的话，那么，较之于酬劳对应工作努力因素而支付的比例相同，而其余部分按照随机分配的方法而言，前者或许就是更不公正的。但是，这样一种看法意味着一种涉及最大限度公正分配的理论。一种理想理论对此问题没有任何评述便是不充分的，于是，一种最大限度实现公正分配的细致理论就是我们所能期许的全部了。

换而言之，最起码可以说，要求一种正义理论去关注何为制度可行性的问题——比如布坎南提出的最低限度的现实主义标准——是完全合理的。但是，就如我们在讨论布坎南的观点时所看到的那样，他的实践中的最低限度的现实主义限制性标准带有过分的保守主义色彩，它意味着要求理论去关注当下的实践可行性，而不是通用于变化环境的一般性思考。而为了理解对于正义理论的一般可行性限制，就让我们来区分一下"可行性"这一名词的一些可能含义吧。

有时，当有人宣称一些原则不具有制度可行性的时候，可行性的含义就是在当下条件中没有办法来实现相应原则：因为政治力量的平衡使得我们完全无法设想政治家们会去实现这些原则。这便是美国在试图遵循更具普遍性的医疗保障原则时所遇到的情形，类似的情况也发生在美国试图遵循不平等的私人财产状况不应影响公共权力的平等对待这一原则的过程中。可以肯定的是，在此意义上一个原则的不可行性并不意味着一个相反的原则。而接受可行性的限制在很大程度上也是带有保守主义色彩的，它意味着不允许提出对于可能制定这些原则的公共机构的许多原则性的批评意见。

然而，有时当我们称一些原则不具有制度可行性时，我们想表达的其实是如下意见："即便人们都处于有意愿去实施这一原则的最具可能性的环境中，由于不可能设计出一套包容这一原则的制度，我们也不可能去真正实施这一原则。”而这就是我所认为的莱文在他的论述中据以反对根据工作努力给予酬劳的所谓不可行性的含意。而且，如果一个原则在这个意义上是不可行的，那么，坦率地将这条原则视为错误原则的结论就是无可厚非的。考虑一下关于如下原则会产生怎样的争论。该原则的支持者指出 :“这是一条真正具有正义性的原则，我们之所以生活在一个不公正的社会，正是因为我们的社会中缺少这样的原则。”而该原则的反对者则反驳道 :“然而，即使在最具可能性的环境中，这条原则也无法付诸实践，因此，对于我们的社会或者其他任何社会而言，都是无法实施这一原则的。”接下来，支持者继续陈述道 :“的确如此，但这恰恰意味着这个世界不可避免地是一个不公正的世界。”而反对者则回应道 :“很好，那么在正义原则并不影响到我们所应为之事的情况下，不正义在某种意义上也不是任何人的错误，甚至也不是‘体制性的’错误。我有理由关注的，是这个世界到底在多大程度上缺少一种能够得到现实满足的理想，以及在多大程度上缺少这种理想。”反对者在此发表的意见看起来是合理的 : 当正义原则要求我们去做一些我们无法做到的事情时，它也就不意味着我们所应当做的事情了。

因此，正如我所建议的那样，可行性的限制意味着 :“如果一条正义原则在可能存在的最适合的环境中，都不可能按照其在正义理论中所处位置所提出的最大限度的要求而得到实施的话，那么这条原则也就不是一条真正的原则。”在我试图对可行性限制应当如何影响我们的思考这一议题进行探讨之前，我们即便是对于那些声称仅具备短期的政治可行性的主张，恐怕也难以建立起信心。我轻率地认为在美国实施普遍的医疗保障在政治上是不具备短期内的可行性的。但是在 1988 年，绝大多数的政治评论员都相信在东欧可能发生一些相对于此更具革命性的改变。在当时的西方世界，肯定没有人相信德国的民主统一会在短短几年内以没有发生大规模流血冲突的形式得以实现，但他们都错了。无论对短期内的政治可行性建立信心是多么的困难，相对而言，在高度有利的情况下，断言一条原则的不可行性都是更加令人难以置信的。尽管尽可能全面地考虑正义所提出的那些原则对应的制度性条件的确是至关重要的，但我们也应当对在不可行性的基础上拒斥这些原则保持审慎态度。

接下来的四个章节中，每章都会专注于讨论一个或者一组正义理论。我将解释每种理论的基本架构与为其提供辩护的核心观点，此外，也包括一些被用以反对这些理论的观点。正如我此前提到的那样，这不是一种带有偏见的介绍：我认为一些观点是好的，一些观点则不是，我将解释我为何做出此种判断。并且，对于这些观点的这些意见引导着我认可其理论的一些方面，同时拒斥它们另一些方面的内容。虽然这种做法在一个介绍性的文本中是不合适的。但我不仅是要介绍这些正义理论，而且也要介绍讨论正义问题的一些技术。此外，我还猜想，如果我详尽地在细节上解释了一个观点为什么是存在缺陷的，但却有意地克制住表达对于该观点的反对性意见，那才将是令人感到十分怪异的。

第三章　罗尔斯的作为公平的正义理论

由于其主导性的地位及其所提供的讨论出发点，在当代绝大多数关于正义问题的争论中，都无可回避地为罗尔斯的正义理论保留了相当的篇幅。罗尔斯的《正义论》一书刊行于 1971 年，而其小有修订的版本则出版于 1999 年（本书中所有的页码都以此版本为准）。就某种意义而言，罗尔斯随后的相关文章及著作都服务于澄清以及修正上述理论。在此，我将以罗尔斯在其最后的著作[1]——即：《作为公平的正义：正义新论》（出版于 2001 年）一书中呈现出的理论为研讨对象。因为我认为这一版本是最简明，也是最权威地阐述罗尔斯正义理论的版本（当然，这主要是因为它也是最近的版本）。尽管如此，我还是会在某些情况下回溯《正义论》，并偶尔涉及其他一些在理解对罗尔斯理论的反对意见方面十分重要的文献。

罗尔斯的目的是为一个自由社会提供一种正义理论。他相信，在这个社会当中，对于何为有价值的生活，以及何为人们赖以生存的正确道德价值观问题，人们将拥有相当多元化的观点。他之所以持此观点，是因为他相信，自由人的理性低估了善的价值：不可避

---

[1] 罗尔斯逝世于 2002 年。

免的是，那些理性因素受到一个压迫性政府抑制的理性的人，将从根本上不赞同那些关于如何使他们的生活变得至善的观点。这就对罗尔斯所能提供的理论设定了一个特定的，同时也是非常重要的限制。在政治哲学的发展史中，假定出一些特别复杂的关于何为生活中的善的真理，并由此发展出对政治和社会生活应当如何受到管理的相关启示，都是十分常见的情况，然而罗尔斯却不能这么做。他认为，一种可接受的正义理论，必然是不能建立在多数有理性的人中受到广泛争议的道德基础之上的。例如，约翰·斯图尔特·密尔[1]的自由主义就是坚定地依托于功利主义作为一条真理的前提假定的，然而功利主义本身在有理性的人们中又是引发争议的，并因此而不能成为一种指向为有理性的人们调整政治制度的正义理论的基础。

上述这一点，对于罗尔斯正义理论的内容提供了一些重要的暗示。在对于人们应当获得多少酬劳，而国家又应当对多少财富进行再分配等问题的日常讨论中，我们认为，那些做出更大业绩的人们应当比并没有做出同等业绩的人们更应该获得高收入。比如，我们会认为一位优秀的运动员、一位伟大的发明家，或是一位成功的企业家，就应当比那些取得更少成绩者更应当获得高收入。但是，罗尔斯却拒斥了这一观点。他提出了两个理由：其一，他指出，我们不能简单地根据人的才能禀赋来决定我们的社会地位：

---

[1] 约翰·斯图尔特·密尔（1806–1873），英国哲学家、经济学家、逻辑学家、政治理论家，功利主义理论的创始人。其主要论著的中译本包括《论自由》（商务印书馆 1959 年版）、《代议制政府》（商务印书馆 1982 年版）、《功利主义》（商务印书馆 2014 年版）、《精神科学的逻辑》（浙江大学出版社 2009 年版）等。——译者注

> 这一观点不过是老生常谈。但谁又能够否认这一点？人们真的认为他们比别人拥有更多才能禀赋（在道德上）是理所当然的吗？他们真的认为自己生为男性或者女性（在道德上）是理所当然的吗？他们真的认为自己生于一个富裕之家而非贫穷之家是理所当然的吗？（参见《作为公平的正义》，74–5）[1]

但如果人们真是这样认为的，那么，这就构成了一个对我们（在道德意义上）能够根据我们的工作成绩获得相应酬劳理念的反讽因素。如果我们认为，一些并非理所当然的因素却在解释我们的工作成绩方面拥有了相当的权重，那么，对应于我们工作成绩的酬劳在很大程度上就是不应得的。在那些有着相对自由市场环境的社会当中，特别是天资因素，往往会在很大程度上被用来解释我们所取得的成就。

对于这一针对一般意义上所得正当性的反对意见，理论回应之一就是在个体与个体所生活的环境间做出区分，并且指出我们的才能是我们作为个人的所得之物。因此，尽管我们确实不是理所当然地获得这些才能，但考虑到我们确实拥有了它们，我们就有理由以此为依据而获得酬劳。当然，说我们不应对才能禀赋负责的人不正是在使我们同自身产生疏离吗？但是，上述这种理论回应又是存在着疑问的。首先，环境因素影响到了获得酬劳的才能禀赋类型，因此，如果我们不是理所应当地基于环境因素而获得酬劳，那么，我们也就将很难证明在任何特殊环境中获得现实酬劳的现象是正当的。

---

[1] 本书中相关译文均对照《作为公平的正义：正义新论》（中国社会科学出版社2011年版）译出，并稍有修订。——译者注

有两个体育方面的例子可以帮助我们认识这一点。身高是在篮球竞赛中取得成功的一个重要影响因素，绝大多数成功的篮球运动员都长得很高，因为高度可以使他们更容易扣篮。这一事实就扭曲了对其他运动员的身高要求：许多最为成功的篮球运动员其实并不擅长于其他运动项目。但最成功的运动员是否能够获得高收入还取决于篮球运动的流行程度。如果篮球运动像在大多数国家中的情况那样，只是一项小众业余的运动项目的话，那么即使是成功的运动员也不会获得多高的收入。而如果拥有同样水准才能的运动员有幸出生在篮球运动极其流行的美国的话，他们就肯定能获得很高的收入。因此，环境因素决定了才能够获得多少相应的酬劳。而这一策略并没有指出运动员理应得到什么样的环境因素支持。现在再来考虑一下女子网球方面的例子。1992 年，施特菲·格拉芙[1]因其在比赛中的胜利而获得了 160 万美元的奖金，而她所获得的代言和赞助赛事的金额还是这个奖金数额的好几倍。但同样是施特菲·格拉芙，她在接下来的 1993 年 4 月的比赛中获得的奖金数额却达到了 1992 年的两倍之多。这是为什么呢？这是因为，在 1993 年 4 月的比赛中，比施特菲·格拉夫实力更强劲的竞争对手——莫妮卡·塞莱斯（Monica Seles）[2]因为被一名疯狂的“粉丝”所刺伤，而不得不退出了比赛。在这个奖励先达终点者的劳动力市场上，塞莱斯参赛与否对于格拉

[1] 施特菲·格拉芙（1969– ），德国女子网球运动员，世界网球史上最成功的女子运动员之一。——译者注

[2] 莫妮卡·塞莱斯（1973– ），美国女子网球运动员，曾于 1991 年开始取代格拉芙居于世界第一的位置，但在 1993 年汉堡公开赛四分之一决赛中场休息时被一名疯狂的球迷刺伤，直到 1995 年才复出打球。——译者注

芙的才能回归产生了重大的影响。这再一次证明，环境高度影响才能的回报。在塞莱斯退赛的情况下，我们并不认为格拉芙获奖是理所应当的。

对于前述理论回应的第二个疑问在于，当审慎地思考我们作为人的本质性问题之后，我们会认为，才能禀赋或是环境因素的区别看起来是一些绝对性的因素。可以肯定的是，我们的人品与性格是受到与生俱来的自然禀赋，以及我们如何运用这些自然禀赋行为影响的。但是，即便我不拥有其中的一些才能，或者更少或更多地拥有这些才能时，我依然还是那个我。我们很容易发现，人们往往很少有效地运用才能。比如，我有着非常好的视力，但不幸的是，我却缺乏很好发挥这一才能优势的与之相匹配的美学方面的敏感性。因此我认为,我与那些有着普通眼力的人实际上并无多大区别。但是，我也怀疑，如果我生在一个完全不同的环境中——比如在中世纪早期的欧洲或是美国中西部地区，特别是如果我生在一个由完全不同的人，而不是现在作为生物学者的我的父母所养育的环境中，我是否还会与那些有着普通眼力的人并无多大区别。

罗尔斯拒斥以所谓应得的常识作为正义理论基础的第二个理由是：这样的观点在理性的人群中引起了广泛的争议（事实上，正如上文所提到的那样，他认为没有人会真正接受这一点！）因此，这样一种观点是不能被作为正义理论基础的。罗尔斯指出，我们应当认为人们理应获得的是那些正义原则承认他们所应得之物，而不是将正义原则视为应当给予人们所理应获得之物的原则。

基本的直觉理念

作为对应得的替代性概念，罗尔斯的正义理论是以三个被他称为“基本的直觉理念”的基本原则作为理论基础的。这三个基本的直觉理念被他认为是一个现代民主社会的公共政治文化元素中所“潜含”的命题。换而言之，这些理念十分频繁地被运用于政治性的讨论与演说、司法裁决或是类似于美国独立宣言、世界人权宣言之类的公共性文件当中。这些理念之所以被当作正义理论的基础，是因为它们并不像我们关于应得之类的常识性概念或者密尔的功利主义那样，而是能够被广泛地获得公共性认可的。

这些基本的直觉理念中的第一个是关于“社会应当被视为一个公平合作是体系”的理念（参见《正义论》4–6，《作为公平的正义》5–8）。而这一理念又包含着三个原理：

1. 社会合作不同于单纯的协调，而是遵循那些被社会合作原则视为适当的规则与程序的社会协调。

2. 互惠性和相互性的概念意味着如下条款，即：如果其他人都接受了这样的条款，那么每一个合作的参与者也都应当合理地接受这样的条款。值得注意的是，这样的表述避免了我们在他人拒绝受到特定规则约束时我们仍必须遵行某些原则的难题。

3. 社会合作体系是为了允许合作参与者增进其自身合理利益和善的目的而建立起来的。

直觉理念中的第二个是关于一个秩序良好的社会的理念（参见《正义论》397–405，《作为公平的正义》8–10）。一个社会只有如下状况中才能确立起良好的秩序。（a）充分满足公共协商的原则。在这样状态中，每个人都接受，并且知道其他人也都接受同样的正义原则。而这种认知又是作为一种公共性协商的要素而得到人们的彼此认同的。（b）正如所有人所确知的那样，社会的基本结构是用来满足正义原则所提出的要求的。（c）公众具备一种对于有效的正义感——他们能够理解正义原则，并且不会违背正义原则为他们指定的情境中的相应要求。另一种对于这一原则的表述方式是社会公众“了解他们所处的位置”。

第三个理念，也是最为重要的一个理念是关于拥有自由和平等道德的公民的理念。（参见《正义论》18–24，《作为公平的正义》11–12）。在如下方面，公民们被认为是完全平等的，即：

（a）具有一种正义感的道德能力，以及

（b）具有一种拥有善的概念的道德能力——这也是一种保持、修正和理性地追求何为良善生活的道德能力。

到底什么是所谓正义感的道德能力呢？这其实是一种指导人们自身的行为遵循根据他人的合法利益所做出的限定的能力。让我们来看一对平常生活中的例子：当你抑制住在考试中作弊，或是禁止偷窃一张报纸的欲望——即便你十分确定你能够逃脱相应的惩罚时，你其实也就是以一种相当粗糙的方式确立了一种正义感。因为你在此允许他人的利益来限制你对于自身利益的追求。至少，在整个社会制度不是从根本上不符合正义原则的情况下，一种正义感并不要求做出英雄主义的行为。

那么，什么又是拥有善的概念的道德能力呢？罗尔斯将善的概念称之为“理性的人生规划”（参见《正义论》358–73），但是他又非常谨慎地没有对其实质指做出明确判断。例如，基督教赞赏修道生活，但同时也赞赏一位优秀的家长供养一个家庭的生活。然而，耆那教[1]却指出，一种良善生活仅指那种涉及最低限度地消费生活必需品的生活。罗尔斯显然不会把上述这些观念都称为善的概念。同时，为了阐明“善的概念”所指涉的范畴到底有多大，罗尔斯明确地指出了，这个范畴显然并不包括那种将自己的人生目标设定为仅仅是算出自己的草坪上有几片草叶之类的人的例子。这类概念并不意味着善的概念，而只不过是一种概念而已。值得注意的是，虽然如此，一种拥有善的概念的道德能力也不仅仅局限在追求善的概念的能力上，它还包括了修正善的概念的能力，即发现没有好的理由支持践行原先的善的概念时，去按照一种替代性的思路来思考善的概念。更重要的是，据此去改变自己关于善的概念。一个不能对自己关于善的概念进行反思的人，或是一个发现自己即便拥有践行善的概念的合适理由但也不愿去那么做的人，都是沉溺于如下观念中的人。这种观念意味着：她并不具备一种拥有善的概念的完善的道德能力。

在如下情境中，公民们被认为是自由的：

（a）将他们自己视为向社会提出权利诉求的自证主体；同时，

---

[1] 耆那教是印度传统宗教，兴起于公元前6世纪，其主要教义反对婆罗门教、反对种姓制度、反对杀生、反对宿命论，主张通过苦修来达到精神上的永久解脱。——译者注

（b）拥有一种将他们自己视为独立于其现实的关于善的概念[1]的权利。

我们将自己视为向社会提出权利诉求的自证主体这一理念是一种相当直截了当的理念。我们认为自己有权去追求自己认为的良善生活，即便要受到正义原则所设定的限制，我们也仍然认为，社会机构的设计应当保证我们被视为独立的个人。无论在我们的行为还是我们的自我认知方面，这并不意味着我们都是纯粹自利的。我们的行为受到正义原则的限制，而我们的自我认知则或许通常会涉及他人的利益，特别是在那些我们所关注的利益范畴内。这一说法恰恰指出，我们并不是完全自我贬抑的，我们并不会奴性地屈从于他人的要求和利益。

而拥有一种将我们自己视为独立于其现实的关于善的概念的权利这一理念，则显得更为晦涩一些，并且我们最好是能通过考虑义务问题来理解这一理念。我们认为我们对于善的概念是始终处于变化中的。例如，即便我们改变了，或者将在未来改变自己的宗教信仰，我们也认为自己应当被社会以同样的准则来加以对待。并且，我们过去那些值得称道的行为与应受谴责的行为对于我们自身而言也都是真实存在的，社会并不应当因为我们改变了自己的信仰而解除对我们的惩罚，或者收回对我们的褒奖。

---

[1] 参照《作为公平的正义》相关中译本，此处及以下译文中沿用“关于善的概念”“自然的善”“社会性的善”等概念，但其旨意不是纯粹道德伦理意义的，根据语境也多包涵“好处”“利益”等含义。——译者注

基本结构

在考察罗尔斯是如何证明其正义原则之前，有一个更具前提性意义的问题是值得我们考虑的，即被罗尔斯称为正义的主体的问题。罗尔斯称为社会的“基本结构”采用了正义原则，而这些原则是由一些核心的、相互塑造的社会制度所构成的。例如，对于合法财产形态的确认、经济的结构、议会机构的设计，以及司法制度等。这一理念意味着，上述制度管辖着从社会合作中获得优势的那些部门，并赋予普通公民以基本的权利和义务。因此，只有当这些制度是遵循正确的原则而建立起来时，这个社会才能被称为是正义的社会。还有一些制度并不属于这个基本结构的范畴，例如，罗尔斯就将教堂视为独立于基本结构之外的机构（即便教徒们并没有实际建立起教堂），因而它也就不受限于那些应为公共机构所应当执行的规范。根据罗尔斯的理论，政府剥夺妇女们的投票权，或是禁止其从事某些职业都是不公正的。但是在一个教堂内对妇女采取歧视态度却是可被允许的，正如妇女们也可以自由地离开这所教堂一样。

出于两方面的理由，罗尔斯关注到了基本结构问题。其一，基本结构是一种依据特定规则运转的公共性强制制度，并且我们在道德上应当依据这些规则来做出对彼此的评判。当基本结构发挥强制力时，我们全体人都被卷入这种强制力的影响当中，并且需要为遵循这种强制影响提供合理的理由（参见《作为公平的正义》52–3）。其二，基本结构对于人们的生活前景产生着深远的影响（参见《作为公平的正义》10，55）。某人过着多好的生活，在很大程度上取决于其在基本结构中所处的位置以及基本结构是按照什么方式建构起来的。通过对比人们在不同社会当中的前景，我们能够相当容易地认识到这一点。例如在美国，如果你出生在一个最低收入人群的家庭，那么，相对于同样生在挪威或德国的类似家庭中，你将更不可能生存下来。类似的，如果生在挪威，你将不大可能长期生活在绝对贫困线上（这一标准是按照美国中产阶级及以下群体收入的 30% 来确定的），这与你生在更富裕一些的美国的可能性是大为不同的。上述现象并不是因为挪威的穷人们比美国穷人更加努力地工作，或是具有更多的才能禀赋，而是因为两国的基本结构存在差异。因此，基本结构对于人们的生活前景产生着深远的影响，并且以某种方式强制我们据此对他人做出评判。

在非常粗略的意义上，将基本结构视为正义原则主体的理念符合自由主义理论在公共和私人领域间做出的传统区分。这一理念意味着，我们所选择的正义原则将直接地指导对基本结构，而不是对"私人"领域的规制。也就是说，基本制度应当满足正义原则所提出的要求。而作为个人，我们却并不受到我们日常生活中那些原则的束缚（除非当我们必须为公共机构做出贡献以满足这些原则要求时）。这一点非常重要，因为它阐明了正义理论的目标并不是要告诉我们如何规范私人生活领域的行为，而是为建立一种指导我们每个人行为的架构提供一些基本原则。

在公共与私人领域间做出的传统区分已经受到了诸多批评。其中，最常见的一个批评意见指出，传统意义上对私人领域的划分已经处于批判当中，而如果对于公共领域的划分没有提示的话，那么许多私人行为就当然会被认为是应受谴责的，因为这些行为的确在公共领域内产生了相应影响。罗尔斯承认上述观点，并且非常清楚地认识到，尽管正义原则只是直接适用于基本结构的，但基本结构也反过来据此设定了对于私人组织的限制性条款。基本结构或许会允许教堂将异教徒开除教籍，但却肯定会禁止对异教徒施以火刑。基本结构或许会允许父母遗弃孩子，但却肯定会禁止父母强奸孩子。基本结构或许会允许一家企业付给其管理层以十五倍于其普通员工的薪水，但却会按照不同的税率对两者的收入课税。私人领域的概念并非一个地理意义上的概念，也不意味着一个人们能够按照自己意愿为所欲为的空间。相对而言，它只是划出了一个可能做出的决定必定远离束缚的范畴，即便我们知道人们的行为倾向其实是由公共架构所塑造出来的。

接下来，罗尔斯又提出了这样一个问题，即“当社会被视为一个自由与平等的公民的公平合作体系时，哪些正义的原则是最适合于确定基本的权利和义务，并且最适合于规制存在于公民在完整生活前景中的社会与经济不平等现象呢？”（参见《作为公平的正义》41，39）

原初状态

因此，我们现在可以转向正义理论的一个关键性理念了，这个理念就是所谓的原初状态[1]理念。原初状态是一种使我们能够计算

❶ 原初状态的概念是罗尔斯在《正义论》中提出的，其原文为：“在作为公平的正义中，平等的原初状态相应于传统的社会契约理论中的自然状态。这种原初状态当然不可以看作是一种实际的历史状态，也并非文明之初的那种真实的原始状况，它应当被理解为一种用来达到某种确定的正义观的纯粹假设的状态。”参见《正义论》（中国社会科学出版社 2001 年版，第 10 页）。——译者注

出设计社会制度时采用的基本的直觉理念所产生的后果的思想试验。罗尔斯指出，这样做的目的是“使我们更加生动地认识到对正义原则提出看起来是合理的批评意见，以及这些原则自身的局限性”。（参见《作为公平的正义》18）

罗尔斯的理论通常被视为对社会契约传统的一种发展产物。社会契约传统在社会安排中提出了作为一种存在于参与社会安排的个人间的共识的正义契约。一些社会契约理论家设想，为了变得可被接受，契约应当现实地得到所有社会成员的认同。但是大多数现代社会契约理论家们不再认为契约本身是真实存在的。对于他们而言，契约论的观点只是代表着一种对于社会成员间关系的道德理念。在契约传统出现以前，理论家们通常认为社会是按照一些事前存在的道德体系而被适当地组织起来的。这些道德体系的内容包括：我们负有向国王、教皇或是上帝效忠的义务，我们在社会中的地位是由我们对权威人物所尽的义务所决定的，而且，这种义务不仅仅是基于我们个人的利益或者认同，而是基于权威人物所拥有的根本优越性。而社会契约的理念却认为，契约的理想体现在所有社会成员都是拥有主权的独立个体，他们根据自己相对于他人的义务（而不是对于一些上级权威的义务）而分享这种主权。从某种意义上讲，这些人是平等的，他们在社会制度的设计中应当得到平等的考量。

因此，对于罗尔斯而言，对于何为社会合作中的公平地位问题的答案，就最好是将公平的地位按一定的规则理解为社会合作的参与者们的共识性结果。那么，自由和平等的人们在特定安排的情境下又会达成什么样的共识呢？

到底是何种情境呢？第二个关于社会契约论的重点是社会契约仅仅在道德方面受到十分特定情境的限制。例如，如果某人绑架了你的女儿，并威胁你如果不将你的房屋出售给他的话，他就会割下你女儿的耳朵。那么，在这种情境下，你同意将房屋出售给此人的契约就既没有道德约束力，也没有法律约束力。因为这是在一种非法的强制力下制定的契约。而在非法背景下制定出来的契约都是无效的。法律通常对此采取一种双重标准：即欺骗和强制性因素使得契约归于无效，但是对于一些其他类型的情境，比如信息不对称和不平等的交易权力影响契约的情况，法律却允许其契约关系中的受益人不必为这些不平等现象承担受罚的责任。

对于允许上述一些不平等来影响现实世界中人们制定的契约，存在着一些非常实用主义的辩护理由。但是在罗尔斯的世界当中，决定管理社会应当采用何种原则的，则是一个非常“严肃的”选择。鉴于普通的契约都是自愿制定的，而社会在制定契约方面却别无选择：因为我们是通过生来进入契约，并且通常只能通过死亡来脱离这个契约的束缚。进一步说，这些普通的契约是由基本结构所建构的——因此，任何影响到基本结构原则所得到的收益，都将两倍于影响普通契约的收益：这些收益首先来自于影响原则，其次则来自于对契约的影响。因此，罗尔斯力图贬斥所有那些通过影响选择原则而获得“道德上被认为具有专断性的交易优势”的情况。他通过对于选择者（即我们所有人）施加以被他称为“无知之幕”[1]的条件来做到这一点，这种“无知之幕”使人们无法了解到，在缺乏道德评判标准的情况下，他们究竟能够从交易中获得何种好处（参见《作为公平的正义》85–9，特别是 82，及《正义论》118–23）。这种“无知之幕”遮蔽了我们对于自身代际身份、自然禀赋、社会地位背景，以及特定的关于善的概念等因素的认知。（参见《作为公平的正义》15–16，86）

无知之幕的假设同时发挥着三项功能。其中最为核心的就是，通过构建一种理应毫无偏私的公正原则的理念，确保原初状态下制定原则的当事人无法运用这些原则来做出有利于其代理对象[2]的事情。它也阻止了那些拥有更好出身、更具才能或拥有更好身体条件的人们去设计出特别有利于奖励他们有利条件的原则。与此相关，无知之幕的第二项功能是剥夺当事人的不平等的威胁性优势。例如，假设一个当事人了解到她拥有更具优势的社会地位背景，而她或许将因为这一点而更容易受到系统的青睐而获得进入私立学校的优先权，或是因此在规避对遗产课税方面受到更多保护。那么，通过剥夺她对于其优势地位的相关认知，就将确保她不会希望获得一个更

---

[1] 罗尔斯在《正义论》中提出的概念。其相关原文为：“没有一个人知道他在社会中的地位——无论是阶级地位还是社会出身，也没有人知道他在先天的资质、能力、智力、体力等方面的运气。我甚至假定各方并不知道他们特定的善的观念或他们的特殊的心理倾向。正义的原则是在一种无知之幕后被选择的。这可以保证任何人在原则的选择中都不会因自然的机遇或社会环境中的偶然因素得益或受害。”参见《正义论》（中国社会科学出版社 2001 年版，第 10 页）。——译者注

[2] 参照《作为公平的正义》中国社会科学出版社 2011 年版的译法，原初状态下或无知之幕中制定或选择原则者均译为“当事人”，相对的，其利益作为选择原则时考量依据的人则一般译为当事人的“代理对象”。——译者注

有利的交易结果。因为她知道，在没有一个社会合作体系的情况下，她是不可能真正充分地从自身的有利条件中获益的。值得一提的是，无知之幕并不指向建立起确保不允许运用有利条件而获得收益的相关原则，它只是试图确定，在具备很好的公正理由的前提下，何种结果才是正义原则所允许的。因此，根据相关原则，当事人或许会同意禁止对遗产课税，但之所以这样做，绝不是因为他们感到自己能够从中获得相对他人的好处，也绝不是因为他们中的一些人相对于其他人在社会背景方面拥有更多回旋余地。

无知之幕的第三项功能是对原初状态构建基本的直觉理念做出贡献（参见《作为公平的正义》80-1）。例如，剥夺当事人对其特定的关于善的概念的认知，能够使他们不去尝试设计最有利于支持他们自己的关于善的概念的原则。这就建构了公正——这一理念意味着不应使得诸如基督徒的正义原则凌驾于穆斯林的正义原则之上情况的发生；但同时也建构了作为自由人的公民本质上并不受缚于他们特定的关于善的概念这一理念——这一理念意味着公民们应当对自己的目的、自己的人生规划负责，同时又不应当依据他们所持的善的概念的内容而使他们在资源分配方面处于有利或是不利的地位。相似的，剥夺我们对于自己天生禀赋和社会地位背景的认知，也构建了公民作为平等的道德主体的理念：重要的是这样一个事实，即我们在必需的最低限度意义上平等地拥有一种认知正义与善的概念的能力。我们在其他方面的不平等在道德上被评判为具有专断性质，因而也就并不会被允许将其作为社会制度设计的标准。

当然，无知之幕并不能剥夺原初状态下当事人的所有认知。事实上，当事人所知道的是那些现实中的人们所不知道的事情。无知之幕揭示出了社会学、历史学、经济学、心理学以及其他一些相关社会科学领域中的普遍事实。规则是十分重要的：它揭示出了罗尔斯对于本书第二章中明确表述的那种理念的承诺——这一理念是：正义原则应当对人类本质的现实和不同制度的可行性保持关注。这也是罗尔斯的理念中认为应当暗示的一点。当事人也了解保持正义原则的环境：社会合作能够产生盈余并由此惠及所有社会成员当然是具有真实可能性的，但是资源的稀缺却不足以支持这一可能性，这一环境形成了那些人们在社会现实中持有的关于善的概念，即对于社会盈余的分配可能会导致冲突的发生（参见《作为公平的正义》84–5）。此外，当事人还拥有对诸如此类的一些妨碍达成共识的相关信息的认知。

最后一个问题在于，我们需要考察在原初状态下当事人的动机。首先，罗尔斯规定，在最坏的情况下，当事人只能以寻求实现其代理对象的利益为动机，而不能受到嫉妒和利他主义动机的驱使（参见《作为公平的正义》87）。因为如果当事人是具有利他主义动机的，那么达成共识就将变得太过容易了。反之，如果我们在人们都是本着自利性动机的条件下达成共识，那么我们所取得的成绩显然要比人们不是自私自利的情况下来得更加显著。

其次，在任何一种交易行为中，我们都会承担我们所厌恶的一定程度上的风险因素。而交易的结果必然要受到当事人规避风险意愿的影响。当一个愿意承担风险的交易者同一个规避风险的交易者发生交易行为时，在不确定的情况下，交易的结果很有可能不同于交易发生于两个风险承担者或两个风险规避者之间的情形。对于原初状态而言，这构成了一个问题。因为，一个愿意承担风险者可能倾向于接受那些极不平等的原则，因为在此情况下，即便机会很小，他也可能成为赢家。而一个风险规避者则可能坚持平等的结果，从而确保自身的安全。因此，除非存在一种确定的厌恶风险的程度，否则就不可能建立任何确定性的原则。

罗尔斯借助于他称为“最大最小化规则”[1]（参见《作为公平的正义》97–7）来确立了厌恶风险的程度。这一规则指导着代理人们去考察所有的可能方案，并从中选择那种最坏的结果比其他选择的最坏结果都要来得更好一些的方案。这一规则应当是最好的保障性规则，在原初状态下不可否认存在的不正常交易环境中，并且这条规则确保人们在交易中处于一个可被他们自己接受的位置。

一些评论者反对这种设定得极高的厌恶风险的程度。因为在我们的日常生活中，即便是最胆怯的人们也几乎不会运用最大最小化规则。但是，罗尔斯认为，当事人面临重大选择时承受着极大的压力，而这种选择的重大性必然要求证明最大最小化规则是正当的。当事人代表者及其子孙后代希望永远生活在一个由特定原则确定机遇的环境中（参见《作为公平的正义》98）。

这是一种对于原初状态构成基本的直觉理念基础方式的极好阐释。切记，一个秩序井然的社会包含了公民们应当拥有一种有效的

---

[1] 罗尔斯在《作为公平的正义》中提出的规则。其相关原文为：“它要求我们确认出每一种可能的选择的最坏结果，然后接受这样的选择，即这种选择的最坏结果比所有其他选择的最坏结果都要好。”参见《作为公平的正义》（中国社会科学出版社 2011 年版，第 159 页）。——译者注

正义感的理念：这条理念意味着，除了极少数情况外，人们能够生活在一个正义原则引导自己行为的环境中。同时，还应切记，在一个秩序井然的社会中，原初状态下的当事人在某些事务上同其公民间就保持了一种类似于律师及其代理对象之间的关系。换而言之，在并不了解后者关于善的概念以及对风险的厌恶程度的情况下，当事人受托对其代理对象的利益负责，但他们却知道他们不可能脱离开已经选择的基本结构而擅作决定。（参见《作为公平的正义》98）

对于极高的风险厌恶程度的另一种反对意见或许更为有力一些。这条意见是：是否能够假设当事人需要确保其代理对象所能忍受的行为结果能够像罗尔斯所建议的那样，真的孕育出最大最小化规则呢？罗尔斯并没有提供在选择的重大性方面运用最大最小化规则的证据。而在绝大多数需要做出重大选择的情况下，如果我们的目标是去确保最坏的可能后果是一种代理对象所能忍受的结果，那么，做出相应的选择就是完全合理的。然而，原初状态有一种不寻常的特征，即在原初状态下的选择并不是那么紧迫的。由于原初状态存在于特定时空之外，因此就可以说，当事人有充足的余暇去考虑和探究每一种可能被他们所设想出的原则。那么，为什么当事人们不能根据他们必须确保其代理对象能够忍受任何结果的这一事实，而最自然而然地采用所谓的“最小化满足规则”的决定法则呢？最小化满足规则仅仅指导着当事人们去追求满足一种令人满意的最坏的结果。因此，这条规则将限制当事人去选择那些确保即便处于最坏境遇的人们也能获得满足的基本结构，并且不支持在这些结构中做出更多选择。

在此，我将反驳两条明显的，也是常见的反对意见。第一条意见认为，人们无法想象他们处于无知之幕当中，因此他们也就不能被要求去做不可能做出的选择。这种说法确实成立，但却是一条毫不切题的反对意见。罗尔斯并没有告诉我们要去现实地想象自己置身于无知之幕当中。他只是告诉我们，处于无知之幕中的人们将会认同什么样的原则。罗尔斯在对这一情况的更晚一些的讨论中，区分了原初状态下的当事人与共识的适用对象，从而使得我们更容易去设想他所提出的情形。

第二条反对意见认为，原初状态描绘了一种假想的交易状况，而这种假想的交易状况并不像真实的交易那样具备实践的可能性。正因为我们在原初状态下会达成某些共识，那么为什么我们现在需要在原初状态下将其付诸实践呢？以这样一种方式所得出的正义理论又如何具备强制约束力呢？为了回答上述问题，记住以下这一点是十分重要的，即对于罗尔斯而言，原初状态的概念所要做的，是帮助我们去发现如何思考那些包含有更多基础性道德观念的正义原则的相应后果——他认为，这些我们已然接受或者没有接受的基础性道德观念，是能够独立地得到评估的。因此，对于罗尔斯来说，说明我们将在原初状态下达成某些共识，其实相当于说明存在让我们相信这种情况能够发生的一些好的公正性理由。我们将认同特定法则的事实，并不会单独影响到我们是否应当接受这一法则。我们应当接受这一法则，则是因为在原初状态所描述的讨论中，我们有一些好的理由去那么做。

原初状态下的当事人会去比较竞争性的正义原则，考量这些原则是否适用于评判他们为其代理对象做出的选择。尽管当事人会正式地与他人发生交易，但是协商过程本身并不带有火药味。因为，正如当事人拥有同样的利益，他们也对其代理对象承担着同样的责任。他们知道，如果他们明确地认为他们将会像支持他们的第一个最佳选择那样，来支持同类的原则，协商的过程实际上就成了一种合作的过程。

在此，又可以提出两个问题。其一，什么是当事人所追求的收益？其二，这些收益又将如何得到分配？或者你愿意的话，什么是正确的分配法则呢？

在通常的交易场景中，当事人会对他们确实关注之物的分配产生争论。尽管如此，无知之幕却阻止了原初状态下的当事人去进行那样的争论，因为他们并不了解他们实际的关于善的概念。换而言之，他们不知道他们真正关注的是哪些分配物。因此，罗尔斯就需要给他们提供关注某些事物的正当理由。罗尔斯是通过描述一种他所谓的“弱的善理论”来做到这一点的。——这一理论包含着基本善，所谓基本善，就是人们有理由去关注那些他们无论如何都有理由关注的对象。罗尔斯在他的晚期作品中，通过将其与自由和平等的人所具有的基本的直觉理念联系在一起，从而补充了对基本善的阐释。基本善的含义是，公民们有理由将他们的兴趣放在锻炼和发展出一种拥有关于善的概念及正义感的道德能力方面（参见《作为公平的正义》62，91–4）。基本善包含着以下三方面内容（参见《作为公平的正义》57–60）：

（a）自然的基本善：健康、才智、才能、肢体、视力以及此类种种。

（按照罗尔斯的看法）这些因素都不适用于分配。

（b）社会性的基本善（参见下文）：这是一些适用于分配的因素。以及

（c）自尊：这部分地取决于对社会性的基本善进行分配的结果，但这一因素本身并不参与分配过程。

自然的基本善是个人所获得的天生馈赠物。按照罗尔斯的观点，正因如此，这些因素是不能实现再分配的。尽管在关于这些因素是否应该被分配的问题上存在着值得注意的小争议，但正如我们所见，一些理论家还是确信，根据正义视角的观点，这些因素应当被视为决定人们境遇的重要因素。我不清楚罗尔斯是否同意这一观点，但令人吃惊的是，他认为自己有权忽略上述问题，因为他在我迄今尚未提及的一个简化的假设前提下提出了自己的正义理论。他是这样说的：

> 我们的目标，是确定一个适用于民主社会的关于善的概念。在这个社会当中，公民们能够以特定的方式想象出这一概念。因此，让我们补充一点，即在完整的生命历程中，所有的公民都能够与社会成员实现充分的合作。这就意味着，每个人都具备成为社会正常一分子的充分的理性能力，并且没有人会受到特别难以得到满足的反常需求——比如特殊的，并且是花费巨大的医疗需求的困扰……在这一初始阶段中，关于正义的基础性难题只是产生于那些富于积极的道德良心的社会成员当中。（参见罗尔斯 1980：545-6，或参见《作为公平的正义》20，168-9）

换而言之，没有人会严重且长期地处于缺乏能力的状态。因此，

关于对自然的基本善因素进行再分配的问题也就不会产生了。

虽然我们将在本书的第四章中概略地对其加以讨论，但这并不是对罗尔斯忽略缺乏能力问题的辩护。罗尔斯自己的辩护意见是：这是一种对于最理想状态进行推理的方式。如果罗尔斯的正义理论在这种最理想状态下也被证明为无法付诸实践，那么我们就将自信地设想，这一理论在更为困难和复杂的情况下也同样无法付诸实践，从而我们也就能够对其加以拒斥了。

相对的，社会性的基本善是适于进行再分配的，其内容包括：

1. 基本的自由（如思想自由和良心自由）构成了对于发展和践行一种考量确定、修正以及理性地追求善的概念的能力的制度背景。类似的，这些自由也考虑在自由的社会条件下发展和践行一种权利观念和正义感。

2. 存在于多种机会条件下的迁徙自由和择业自由是对于追求、实践和修正、改变终极性目标所必需的——如果有人期望这么做的话。

3. 负责任的官僚的权力与特权对于发挥出多方面的自我管理和社会能力来说是必需的。

4. 收入和财富作为一般意义上适用于所有目的的手段（它具有一种交换价值），也是用来直接或间接地达致一个更广范围内的目的的手段——无论这些目的是什么。

5. 自尊的社会基础是那些通常来说至关重要的基本制度的某些方面，它意味着，公民们对于他们自己拥有作为一个道德的人的价值具备一种很强的观念，并且能够认识到他们的最高利益，自信地实现他们的相应目标。

两条原则

社会性的基本善是如何实现分配的呢？罗尔斯的正义理论对此提出了两条正义原则和两条优先规则（参见《作为公平的正义》42–3）：

第一条原则

每个人都享有对于一个完全充分地包含平等的基本自由的体制的不可剥夺的权利，这一体制又是与同样适用于所有人的自由体制是彼此相容的。

第二条原则

社会和经济领域的不平等需要满足两种情况：首先，这些不平等应当从属于公职和职务向所有处于公平的机会均等条件下的人们开放这一前提；其次，这些不平等应当有利于实现最不利者的最大利益。

我们很容易就能看到上述原则的冲突处，我有必要对它们加以精确的解释。其中包含如下两条优先规则：第一条原则是被罗尔斯认为以词典词序式优先于第二条原则的。这意味着在第一条原则受到侵犯，或者受到威胁时，是不应该践行第二条原则的。换而言之，当第二条原则与第一条原则发生冲突时，第一条原则总是居于优先地位。第二条优先规则是：在第二条原则中所列举的第一种情况以词典词序式优先于第二种情况。也就是说不平等应当最有利于实现最不利者的最大利益这种情况，只有当人们处于公平的机会均等的竞争前提下，才是可被接受的。

这些原则还能被进一步拆分成如下规则：

1. 基本的自由是平等分配。

2. 获取公职地位所拥有的权力与特权的机会，以及不平等地获得资源酬劳的现象，是从属于公职得到平等分配的前提的（当然，分配是在那些具备了相近水平的才能与意愿，且其数量会不断增加的人群中进行的），并且与努力奋斗的自由原则保持一致。

3. 收入和财富分配应当按照实现那部分最不利者最大利益的原则来进行，应当与自由原则和公平的机会均等原则保持一致。

第二条原则

在讨论上述原则的争论之处时，我将回溯到第二条原则本身。我们将看到，这条原则包含两个部分：

1. 任何不平等都应当有利于实现最不利者的最大利益。

2. 任何不平等都应当从属于公职和职务按照公平的机会均等原则向所有人开放的前提。

当罗尔斯介绍第二条原则时，他首先提出了一个一般性的概念，这个概念要比上述更精练的概念显得含糊得多。他声称：被合理控制的社会和经济的不平等表现为（a）是为了每个人的优势而存在的，（b）从属于职务和公职向所有人开放的前提（参见《正义论》66）。尽管如此，正如罗尔斯所指出的那样，我在此所强调的这两条短语的含义是含糊不清的，因而需要得到进一步提炼。他通过对于消除上述两条短语含义的模糊性，或是提炼两者的讨论，提出了对于第二条原则的第一个直觉论据。当然，这并不是一个对于第二条原则的基础性论据，因为它并没有给出接受前述一般性概念的理由，而且这也不是一种在原初状态下可被接受的论据——在原初状态下可被接受的论据吸引人的应该是实质性的道德考量，而不是当事人的自身利益。然而，这条论据依然是很有意义的。罗尔斯通过对两条意义含糊的短语给出两条可能阐释，并列举两条阐释的三种可能组合启发了我们的思考。

第一种可能的组合是被罗尔斯称之为第二条原则的“天赋自由”版本。在这个版本中，“每个人的好处”被解释为意味着“效率”，而“对所有人开放”则被解释为意味着“职业向才能禀赋开放”（参见《正义论》58）。这条“职业向才能禀赋开放”的原则指的是，除非从严格意义上与其在相应位置上的可能表现相关，否则没有人应当在受到雇佣（或者是获准进入一个受教育机构）的过程中受到歧视。因此，这条原则就阻止了大学和雇主歧视女性或是黑人申请者，但是它却不要求政府确保这些申请者优先于同一时间向大学或雇主提出相应申请的其他人，获得平等受教育或是平等求职的机会。罗尔斯把效率理解为一个技术性概念：当对于某一配置状态做出的任何改变被证明除非使得一些人的境遇变得更糟，否则就无法使一些人的境遇变得更好，那么这个配置就是有效率的。

第二条原则的天赋自由版本到底如何呢？按照罗尔斯的看法，难题之一就在于，尽管存在着一种正式的机会均等，但是却并不存在一种“保存平等状态或是社会境遇相似性的努力”，因此“任何一个时代中最初的分配都会在很大程度上受到自然与社会中不可预见因素的影响”。（参见《正义论》62）而这些不可预见因素的影响又被允许累世地积累传承。因此，举例而言，一个具有良好禀赋并生于富贵之家的人将得到很好的报偿，这种报偿将使他能够让他的并不具备多少才能的孩子获得接受高价教育的机会，而这种机会又能使孩子在竞争职位以及获得由此带来的收入方面，较之那些与其拥有同等禀赋，但却生在贫困之家的孩子拥有更大的优势。随着时间的逝去，问题就变成了："分配”是受到（或者说是被允许受到）那些从道德观点上看来是具有专断性的因素的不恰当的影响。”（参见《正义论》63，或参见《作为公平的正义》43）

因此，罗尔斯继续转向对第二条原则的天赋自由版本的阐释（参见《作为公平的正义》43-4；《正义论》63-4），他仍将每个人的优势解释为效率，但又将“对所有人开放”解释为他所谓的“公平的机会均等”。在职业向天赋开放这一点上我们所关注的仅是职位本身。我们认为：好的，当两个人申请得到同一个工作时，重要的是，那个在才能方面更适合从事这项工作的人应当得到这个工作。当然，例如，相对于出身因素，上述方法从职位分配史的角度看还是具有巨大的进步意义的。先前，人们完全不考虑他们可能在这些职位上展示出来的才能，就将许多求职者拒之门外。职业向才能开放防止了这种情况的出现，但却仍然没能保障那些更有才能、更努力工作的人们获得他们最适合从事的工作的机会。公平的机会均等便是要防止上述问题的发生，同时它也建立起一道防止优势因素代际累积传承的屏障。因为，这条原则指出，拥有相同水准才能禀赋和努力工作意愿的人，应当去拥有类似的成功前景，而不考虑他们原先的社会地位："在社会的所有地方，那些拥有类似的动机和禀赋的人们，都应当在文化修养和成就方面拥有类似的前景。"（参见《作为公平的正义》44）这是一条相当苛刻的标准。如果这一标准得到完全执行的话，那么社会地位背景因素就将完全不能影响到某人生活中的期许：上述目标是现有社会所未能达到的。当然，重要的是我们要注意到对第二条原则的任何解释，都是在受到第一条原则拥有优先权限定的前提下进行的。因此，当完全公平的机会均等原则出现并发挥作用时，那些拥有类似水平的才能和努力工作意愿的人们完全有可能会面对着不平等的前景，但这种不平等的出现是因为自由原则阻止了我们采取对于达致完全公平的机会均等而言是十分必需的特定措施。这一原则本身就是相当激进的。它并没有限制对于招聘流程的关注，而是扩展了对于社会背景情况的关注，以使得只有才能和努力方面的差异才会影响到最终结果。

罗尔斯煞费苦心地强调，效率因素在驱使我们接受公平的机会均等原则方面毫无作用。效率考量的结果可能是人力资本更有效率的配置，但这并不构成我们接受机会均等的理由。设想我们发现一些特征，比如蓝眼睛，它们与低智商之间存在某些相关性，但却并不表现为一种完全对应的必然关系。由于去确认极少数蓝眼睛的人拥有高智商或许将是代价极为高昂的。因此，在经济上看起来更有效率的简单方法就是认为所有蓝眼睛的人都是低智商的。按照罗尔斯的观点，这种看似经济的做法却是没有正当理由的。因为，这么做将损害那极少的一部分拥有高智商的蓝眼睛的人的尊严。在此，尊严的价值是要超过效率的价值的。

公平的机会均等是罗尔斯在第二条原则中从根本上赞同的部分。因此，在考察第二条原则的天赋自由版本所面临的难题前，我们应当探究一下在原初状态中是否存在着支持公平的机会均等原则的论据。至少有两种相关的考虑方式对于原初状态下的当事人而言是适用的。首先，他们知道如果某人知道另一些人是因为社会制度设计方面的原因而得到了获得收益的更多机会，而这种不平等（从道德角度衡量）又是没有任何理由时，这就将意味着对他个人尊严的一种极大伤害。这一点在雇佣歧视的案例中体现得最为明显。当一个美国黑人知道他被某个职位所拒斥是由于这个职位仅对白人开放的话，那么，这一事实相较于他知道是因为与他竞争同一职位的人更适合于从事该工作他才失去机会的事实，将更严重地伤害他的尊严。然而，在求职者因为职业对才能开放的原因而失去机会的案例中，伤害尊严的问题同样是引人注目的。例如，如果两个拥有类似才能和努力工作意愿的人同时申请一个大学教职时，那个失败的候选者将有理由相信，成功者获得录用是因为其具备更适合于这一职位的优秀才能，在此情况下，失败者仍很有可能感觉到他的尊严遭到了伤害。无论何时，当我们发现自己的前景黯淡是因为那些我们所无法掌控的原因时，我们都会感到人格尊严遭到了损害。这是工作中的首要考虑因素。

第二种考虑因素显然适用于原初状态下的当事人，它关系到机遇空间结构的情况。机会似乎不像收入和财富那样属于零和之物，不公平地分配机会似乎也不会像不公平地分配收入与财富那样，给不公平地获得机会者带来类似于不公平地拥有收入和财富者相对于其他弱势群体那么多的好处（就如我在下文中所显示的那样）。也许，会有反对机会均等的人认为，平等分配机会可能使每个人的境遇都变得更糟，因为那些更有产出效率者会比那些产出效率更低者更好地运用产出机会。但是，这种反对观点恰恰很好地切合了公平的机会均等原则在实际中的诉求，即在拥有相同水平的才能和努力工作意愿的人群中，机会应当得到平等的分配。

罗尔斯在如下内容中对于公平的机会均等原则进行了最明确的辩护：

> 要求职位开放的理由不是唯一的，或是片面地考量效率问题……如果一些职位不是在公平的基础上对所有人开放，那么，那些没有得到职位者就将自然地感觉到自己受到了不公正的对待，即便他们能够从那些更努力地获得职位者行使职权的过程中获得了收益。他们抱怨的理由不仅仅是因为他们被排除在获得诸如财富和特权之类的特定表面报偿的范围之外，而且也因为他们被排除在经由熟练和奉献性地履行社会责任而带来自我实现体验的范围之外。他们将会被剥夺一种主要形式的人类的善。（参见《正义论》73）

换而言之，享受特定工作相应报偿的机会是如此的有价值，以致不能被诸如收入和财富再分配之类的因素所补偿。对于一些想成为医生或教师的人而言，如果是出于某些道德上被认为具有专断性的原因而被挡在了机会之门外，那么，无论多大数额的金钱都是无法抹去他对失去机会的遗憾的。因此，罗尔斯似乎认为，这样的机会应当得到平等分配，而这样一条原则也应当优先于差别原则。

尽管公平的机会均等原则是极其激进的，但罗尔斯认为，出于两方面缘由，第二条原则的自由版本又是不充分的。首先，他认为，这一版本的原则对于自然运气具有道德专断性问题的回应是不充分的："在限制范围是由背景安排所允许的情况下，分配主要是由自然运气的结果所决定的，而这个结果从道德性的视角来看又是具有专断性的。没有更多的理由去许可自然运气而非历史或社会性的运气来主导收入的分配。"（参见《正义论》64）其次，尽管如此，公平的机会均等原则还是不能像家庭一样会继续存在（罗尔斯从未质疑这一点）那样得到充分的实现，因为"在通常观念中得到肯定的诸如努力工作、努力尝试之类的观念都是依托于幸福的家庭和社会环境的"。（参见《正义论》64，或参见《作为公平的正义》163）

这些难题引导着罗尔斯去赞同第二条原则的民主平等版本。这一版本实现了将公平的机会均等解释为"对所有人开放"与被罗尔斯称为差别原则——它意味着将"每个人的好处"解释为"最不利者利益的最大化"——两者之间的统合。

事实上，效率因素至少在其通常被经济学家们所倾向于理解的那种方式上，永远地不能够为了正义原则的目标而被理解为"每个人的好处"。我们应当牢记的是，效率是被理解为帕累托最优[1]状态

---

[1] 帕累托最优是由意大利学者维弗雷多·帕累托（1848–1923）提出的概念，也称为"帕累托效率"，指的是资源分配的一种理想状态，即假定存在特定的一群人和可分配的资源，当从一种分配状态到另一种状态的变化中，在没有使任何人境况变坏的前提下，不会使得至少一个人变得更好，即该状态不存在帕累托改进的余地。——译者注

的。在实现帕累托最优的情况下，除非使得某人的境遇变糟，否则没有任何改变能够使得其他人的境遇变好。但是这条原理完全不考虑初始状态下的公正问题。我们需要一种对于效率评判标准在其中拥有强制力的环境的详细解读。例如，如果一个人拥有了一个社会中所有的剩余财富（在此,每个人都生活在自给自足的生活水平上），这一情况或许很符合帕累托最优状态——在此情况下的确符合，除非使得某人境遇变糟，否则就没法使任何其他人境遇得到改善。尽管如此，这一事实却并不足以反对将这个拥有剩余财富者的资源分配给他人。而且，在众多的反对意见面前，这一事实甚至对于其自身而言也不是一个很好的辩护理由。如果我们这样评论此种情况"嗯，很好，至少这是一个有效率的状态"，我们明显是带有挖苦意味的，这很可能会伤害我们的经济学家朋友。

因此，一些对于所有人的好处的其他类型的解释就是必需的。一个显而易见的替代性解释是平等，特别是对支持将基于才能的分配视为在道德上具有专断性的原初状态的观察。事实上，尽管罗尔斯拒绝了这一替代性解释，但这条解释却构成了他评估其他替代性解释的一条底线:收入与财富,以及其他的一些作为中介性因素之物，都应当得到平等的分配，除非对这些因素的不平等分配将有利于那些不利者。

为什么罗尔斯拒绝将平等作为对"所有人的好处"的一种替代性解释呢？从原初状态中找出论点对于解答这一问题将是十分有用的。将你自己想象为一名原初状态下的当事人，正在为得到一种可被你的代理对象接受的结果而进行交易。再设想你正在考虑两种原则：其一是按照收入与财富应当在一个最高的可行水平上进行平等分配的、严格的平等原则。那么，想象一下这种严格的平等原则，并且比较一下这种平等原则和差别原则条件下你的代理对象境遇获得改善的程度。在差别原则的条件下，你的代理对象面临着两种可能性：他既可能处于境遇变糟的状态，也可能处于比境遇变糟群体境遇稍好的状态。但是根据限定条件，处于差别原则之下的每个位置的人的境遇都会好于，或等于严格平等原则之下相应位置的人的境遇。因此，他在严格平等原则条件下将过得比差别原则条件下更糟，并且在差别原则条件下不会过得比严格平等原则条件下更糟。那么，他就将选择差别原则。（参见《作为公平的正义》49，71）

这一论点假定（正如原初状态所假定的一样），你的代理对象是完全自利性的：他不会介意他人的所得。但是现在设想一下，如果你的代理对象已经准备为他人的利益而牺牲自己的福利，那么比较的结果又会变得如何呢？想象一下，你的代理对象生活在严格平等原则的条件下，并且深思熟虑一下他生活在一个遵循差别原则因而能为其带来更多好处的社会中的可能性。在前一种社会中，她可能很乐于为了他人福利牺牲自己的福利，但她可能会发现自己已经不能为任何人的利益做出牺牲了——这是因为她过得比差别原则条件下更糟，同时每个人的境遇也都更糟，或者说至少没有人的境遇会得到改善。那么，她的自我牺牲就将是毫无意义的。

那么，差别原则又是如何发挥作用的呢？换而言之，不平等如何能够在最低限度上有利于那些在不平等状态下处于不利境地的人们呢？解释这一问题的最简单方式就是考虑收入与财富的因素。如果收入得到了平等的分配，那么每个人都可以获得同样的收入而无须考虑他们的产出效率。相对而言，如果不平等的收入分配是按照人们产出效率的差异进行的，那么那些拥有更高产出效率的人们就会产生更高产出的动机以获得相应收益。为了确保这部分人产生这种动机，他们必须能够保留自己的一些额外产出，但不一定是所有的额外产出。相应的，对于产生动机而言不是必要的那部分剩余产品则可以被重新分配给那些产出效率较低的人们。激励性动机是为了更多的产出，而向最不利者进行的再分配则能够使得最不利者相对于平等条件下得到更好的境遇。（参见《作为公平的正义》64）

现在，一些人会怀疑我上面所讲述的这个故事，并且认为不平等总会导致最不利者比在平等条件下过得更糟。但他们却并不能凭借这样一种信念而合理地拒斥差别原则。差别原则只有在不平等确实会惠及那些最不利者的情况下才会被容忍，如果你相信这种不平等产生积极后果的情况永远不会发生，那么你就会相信，差别原则将导致平等，并且没有任何现实的理由去偏好差别原则和平等原则中的任何一个。

但还是让我们假设一下差别原则确实导致不平等的情况。如果更有才能的人更可能在此原则下具有最优势的地位，而更少才能者则更可能居于最不利地位时，那么，我们可以认为这一原则确实容许一些在道德上被认为具有专断性的元素影响到回报。类似的，这一原则也无法克服罗尔斯所确认的第二条原则的自由版本存在的其他一些难题:诸如孩子们成长的家庭环境。一个幸福的家庭环境（其中也包括这个家庭的社会地位）将对孩子们努力工作的倾向产生影响，并将独立地对孩子们的前景产生影响。

因此，难题并不在于公平的机会均等原则，而在于对第二条原则的总体性解释。所谓“民主的平等”这一解释修正了对于好处一词的理解：它重新揭示了第一条原理从而使之对于天然的不可预见性进行了某些修正。它将“每个人的好处”解释为“最不利者的最大收益”，这就意味着任何拥有最少收入和财富的人都将比在其他任何安排中得到更多。尽管当差别原则发挥作用时，在道德上被认为具有专断性的天然的不可预见性确实会影响到人们的前景，但人们仍会为着一个非专断性的理由而接受差别原则，即最不利者将比在其他安排中得到更多。差别原则描述了“一种安排，这种安排将自然天赋的分配视为一种共同财产，并实现对于这种分配所带来收益的共享，而不考虑这种分配的结果如何”（参见《作为公平的正义》75）。如果你愿意的话，那么在道德上被认为具有专断性的要素尽管能够保持一些影响力，但这种影响力将仅仅被局限在所提供的理由可以从道德角度被接受的范围内。

那么，关于罗尔斯将“对所有人开放”解释为公平的机会均等原则的其他难题又是什么呢？在无法排除家庭因素影响的情况下，公平的机会均等原则是无法得到完全实现的。这是因为两方面的原因：其一是因为不可能去充分补偿孩子们继承自其富裕（或者更慷慨的，或是更有才华的）双亲的额外资源。其二是因为父母对孩子的养育现实地影响到孩子们的能力以及努力工作的意愿。现在，对于上述难题的回应之一或许是废除家庭，罗尔斯甚至也在其著作中的某处提到了这一观点:“家庭应当在将来遭到废除吗？”（参见《正义论》448，或可参见《作为公平的正义》163）我将不再详述这个问题，但罗尔斯本人对此的回答是否定的，尽管他所进行的论证并不是完全清晰的，但他毕竟提出了两个显而易见的答案。第一个答案是，培育一个家庭的权利或是类似的一些权利是受到自由原则保护的（在罗尔斯的正义理论中，自由原则是优先于公平的机会均等原则的）。这就意味着，培育一个家庭的权利，或是在一个家庭中得到养育的权利对于道德力量某些方面的发展是必要的。第二个答案显得不那么具有原则性，但却同样引人注目，即纵然我们废除了家庭，也没有理由相信我们能够设计出其他一些可能解决难题的安排。假设孩子们是生长在由国家运营的孤儿院而不是生长在家庭中，并且这些孤儿院都还算运行良好（不同于现实中的孤儿院）。那么，也很有理由去设想在那些假设为运行良好的孤儿院中，每个孩子将与不同的养育者之间建立起紧密的联系：其中一些养育者将提供给孩子们更快乐的养育方式，从而将更好地促进这些孩子比其他孩子更加努力。同样的，我们也很难相信，在没有得到令人难以置信的介入监控和规制的情况下，不同的养育者将不会有动力向其养育对象提供相应的馈赠和资源——对于其中一些孩子而言，他们比其他孩子更值得获取这些馈赠和资源。因此，我们根本不知道如何去完全克服掉实现公平的机会均等原则的藩篱。但是，一个社会对于不平等水平的限制还是可以展示出两个方面的效果：因为家庭的收入和财富变得更加平等，父母们也愿意更加平等地将有利条件传给子女，这就减少了孩子们继承自父母的资源分配的不平等。同时，因为相关资源分配变得更加平等，也限制了父母给予孩子那些资源的有效性，从而使其在社会合作中获得不平等的收益分配的那部分资源的使用。（参见斯威夫特 2003，以及已出版论著中对于家庭难题的有价值探讨）

正如我已经说过的那样，在第二条原则当中，公平的机会均等原则被赋予了一种具有特别强形式的优先权。我们很快就会发现，罗尔斯赋予公平的机会均等原则以这种优先权的理由并不十分清晰。但是我将暂且在实践的意义上对这种优先权意味着什么加以解释。受到天赋自由原则的限制，这条优先权意味着如下内容：

1. 如果可预见到或许在其他方面会被差别原则所接受（换而言之，这种情况就是惠及最不利者的情况）的收入与财富的不平等，将同时影响到生于更有优势的家庭和处于更不利地位家庭孩子前景发展的话，那么这种不平等就是应当被排除的。

2. 诸如教育和医疗资源这些对于人们的生活前景具有很强影响力的因素应当尽可能在不考虑家庭收入水平的条件下得到分配。例如，政府应当尽可能地确保，那些富裕的父母不能通过选择离开公立学校而进入私立学校的方式，或者是移居到一个国家在教育方面提供了相对于贫穷社区而言更多的资金支持的富裕社区（正如现在美国的一些父母所做的那样）等方法，来为他们的孩子购买到受教育方面的好处。同时，政府还应当确保一个孩子所接受的医疗保健服务的质量不应当受到其父母收入水平的影响。为此，政府就一方面要保证私人医疗服务不适用于孩子们，另一方面也要提供更高质量的公共性医疗服务资源，以使得接受医疗服务方面的好处不能通过“依靠私人医疗”的手段获得。

3. 有必要对遗产和馈赠课税，以确保富裕家庭的孩子们不能通过这类方式获得不恰当的好处。这可能是一个非常苛刻的条件，因为富裕家庭的孩子们从其父母那里获得的大量好处并不涉及父母实际遗留或馈赠给孩子的金钱，而主要是一种他们愿意面对风险的态度。当孩子们了解到他们父母的财富能够缓解他们对抗失败时的紧张，意味着他们将做出一些潜在的有利可图的行为——比如经营餐馆、花费许多年时间去接受医学、艺术或是戏剧教育，在华盛顿特区做一名低收入的实习生等等。这些孩子可能因为上述行为而取得最终的成功。因此，不能认为，孩子们或许不会从运用其继承自父母的资源那里获得惊人的收益。

是否存在着一个独立的论据可以被用以支持公平的机会均等原则及其相对于差别原则的优先权呢？我们并不清楚罗尔斯是否真正清晰地提供了这样一个论据，事实上，在《作为公平的正义》的脚注中，罗尔斯首次对公平的机会均等原则是否确实拥有他自己所赋予其的严格的优先权提出了疑问：

> 有人认为，公平的机会均等原则相对于差别原则所拥有的词汇排序意义上的优先性过强了，而无论是一种更弱一些的优先权，还是一种机会均等原则更弱一些的形式，都会更好，而且确实将更符合作为公平的正义的基本理念本身。现在，我并不确知什么是最好的选择，因此也只能简单地记录下我的不确定。（参见《作为公平的正义》163，脚注 44）

如果确实存在着这样一种论据，我认为这一论据应当是建立在罗尔斯赋予天赋自由原则优先权这一论据的框架之内的（我们将在随后讨论到这一问题)。原初状态下的当事人将受到公平的机会均等原则支配的机会视为优先于收入和财富的，且是不可交换的，因为他们没有关于善的概念，他们只能将零机会视为践行他们关于善的概念的背景，而放弃为了他们实践目的的手段将是徒劳无益的。资源是否成为围着追求关于善的概念的现实手段，完全取决于我们是否具备为了追求这一概念而使用这些资源的条件，因此，用机会来交换资源将是不合理的。

这一论据的问题存在于目的与条件之间的区分或许并不像它们乍一听起来那样明晰。手段（资源）自身就是践行一种关于善的概念的条件，或者说至少能够用以获得相应的条件。我自己的职位或许就是一个很好的例证。关于我的工作，我自己工作中很大一部分乐趣就来自于我用于去思考那些困难的哲学问题的余暇。一旦我接受了从事这方面工作的训练，那么我事实上就并不需要得到一份哲学家的工作，而仅仅需要余暇时间和财政方面的保障条件。换而言之，我确实需要的其实是一种从事特定工作的自由，而除了财政资源和自由之外，我并不需要一个相应的职位。十分充裕的收入确实能够替代去获得一个哲学家职位的机会。而另一些工作的确完全不像这样。为了享受作为一名外科医生所获得的报酬，一个人既需要接受相关训练也需要得到相应职位。在质疑上文中的论据时，我并不认为资源一直是，或者通常能够替代获得职位的机会——这种情况仅在有时发生。而这就是我们需要对罗尔斯赋予公平的机会均等原则以词汇排列意义上的优先权加以质疑的全部必需理由。

为差别原则辩护

处于原初状态下的当事人将如何达成差别原则呢？让我们牢记所有当事人以其作为他们代理对象利益的受托方所分担的那种厌恶风险的程度。并且，基于这一事实，由于一个公平的社会也是一个秩序良好的社会，十分关注其代理对象利益的当事人将获得对于一个可接受职位的保障。在一个秩序良好的社会中，每个人都具备一种有效的正义感，即他们能够生活在正义所赋予他们所处的位置上。而这又意味着确保他们的代理对象所能接受的最坏结果以一种非常高度的优先权。因此原初状态（通过相应规定）满足了那种最大最小化决定规则作为一种恰当规则的极为罕见的情况：在此情况下，当事人忽略了不同可能结果使其代理对象做得更好或做得更糟的可能性，他们只相对稍稍关注其代理对象在可接受的最差条件下能做得多好（正如可接受的最差条件一样，在最差条件下的职位也是可接受的）。同时，因为他们的代理对象将要终身生活在一个由其选择的原则所塑造的社会当中，他们的这一选择就更显得具有严肃性（参见《作为公平的正义》98-9 中坦率地说是一个不够明晰的对于最大最小化规则的讨论，或者参见《正义论》132-4 中一个对于最大最小化规则更加清晰的介绍）。

尽管我已经讨论的那些原则看起来好像每一个部分都是得分别论证的，但从技术性角度考虑，原初状态下所发生的情况并非如此。当事人会比较竞争性的原则以及所有这些原则的集合，从中选择出能够做到最好的原则序列。因此，作为公平的正义就在事实上被规划和考虑为一种体系化的一揽子计划。尽管如此，对于这个一揽子计划中每个元素的动机的考察仍然是十分有益的。而且，当给出最大最小化规则，并设想天赋自由原则和公平的机会均等原则被确定下来并被赋予优先权时，是很难看出原初状态下差别原则的动机的。继而，当事人将那些他们的代理对象可能愿意忍受的最坏位置——在任何一种结构组合中，这都将是最坏的位置——确定下来。因此，当事人希望尽其所能去确保最坏的结果将被其代理对象所接受，并且要相应找出尽可能更好的方式：即最大化最小结果，或是使体系安排有利于最不利者利益的最大化。这就是为差别原则进行辩护的内容。

我已经讨论并且批驳了一种对于差别原则的可能反对意见，即基于质疑不平等能够惠及最不利者的平等主义的反对意见。在本书的第八章中，我还将直接地讨论一种更为复杂的平等主义反对意见。但更多的反对意见是非平等主义性质的。我将在此提出其中之一，并把其余的反对意见放到第五章中加以分析——在第五章中，我将探讨对于再分配性税收的一系列反对意见。一个常见的反对意见针对的是罗尔斯认为差别原则代表了“一种安排，这种安排将自然天赋的分配视为一种共同财产，并实现对于这种分配所带来收益的共享，而不考虑这种分配的结果如何”（参见《作为公平的正义》75）的评论。上述评论有时被认为显示了差别原则威胁到我们的自我所有权利（参见诺齐克，1974：214–15）。毕竟，我们拥有自己的自然天赋，并且其他人都不能享有对于这些天赋的权利。如果差别原则否定了这一点，它也就否定了我们所拥有的一项基本人权。如果我们的自然天赋是一种共同财产的话，那么，从原则上说，什么方式可以阻止一个政府运用技术性手段对其实施再分配呢？比如，为什么不应当允许一个技术先进的政府强制性地将正常人的眼睛分配给视力障碍者呢？

上述反对意见其实是基于一种对于上述我所引用问句的误读而进行的推导。罗尔斯并没有主张我们的自然天赋就是共同财产，而是主张对于自然天赋的分配应当被视为一种对共同财产的分配。因此，我们个人的天赋是独立地属于个人的，并且是不可强制同我们个人分割的。但是，我们将对其的分配视为一种我们为了全体人的利益的付出。我们将个人看作是幸运地获得其自然天赋的存在，但并不认为存在着一些特殊天赋由于为其他人创造价值而应获得特殊回报的标准。事实上，许多赞同“自由”市场的人们（例如亚当·斯密[1]）似乎都有着类似的观点：他们认为市场所具有的一个非常好的特征就是，市场赋予个人以自利性的动机去运用其自然天赋以在某些方面惠及他人。考虑一下迈克尔·乔丹[2]的例子。乔丹是一名杰出的篮球运动员，同时，让我们假设他并没有其他不寻常的才能（或许这样做不太公平），因此他的职业选择便只存在于篮球运动员和一些收入平平的工作之间。按照支持自由市场者的观点，乔丹并不应该仅仅由于他是一名参加大量篮球比赛的杰出篮球运动员而获得高

[1] 亚当·斯密（1723-1790），英国经济学家、哲学家、政治学家，古典经济学的主要创立者。其主要论著的中译本包括《国富论》（译林出版社 2015 年版）、《道德情操论》（商务印书馆 1997 年版）、《亚当·斯密哲学文集》（商务印书馆 2016 年版）等。——译者注

[2] 迈克尔·乔丹（1963-），美国篮球运动运，号称“飞人”，被认为是篮球史上最伟大的运动员。——译者注

收入。因为如果没有人对花钱观看乔丹的比赛感兴趣的话，那么也就完全不存在给予他相应报酬的恰当理由。在一个人们对篮球运动毫无兴趣的文化环境中，篮球运动员将不会获得比其他职业的人们更多的收入，而这一点是无可厚非的。构建自由市场意味着一种将对自然天赋当作差别原则所指出的共同财产进行分配的共识。自由市场观点和差别原则间的差异在于，后者承认一种对于“公共”的特殊概念：应当优先惠及最不利者。

自由原则

最后，让我们转向第一条原则：自由原则。在此我们再次重复一下这条原则：

每个人都享有对于一个完全充分地包含平等的基本自由的体制的不可剥夺的权利，这一体制又是与同样适用于所有人的自由体制是彼此相容的。

是什么构成了一组恰如其分的基本自由呢？罗尔斯按照他在考察其他社会性基本善时的方法，为基本自由开列了清单：即考察具有自由和平等道德的公民充分发展和完全践行两条道德能力所要求的基本政治与社会条件。换而言之，他要求这些条件是必须适于发展和践行这样两条道德能力的——我们拥有正义感的道德能力和拥有一种关于善的概念的道德能力。他区别了如下三种情况，其中每一种情况都证明了特定自由的正当性。

1. 自由和平等的公民拥有一种正义感的道德能力，并有兴趣去对其加以践行。这就证明了思想自由的政治自由与权利基础，以及一些表达自由权的正当性。

2. 我们对于发展和践行我们关于一种善的概念的道德能力需要良心自由、宗教信仰自由、迁徙和结社自由，以及一种隐私权。

3.（作为附属性的案例。）存在着如下这样一些自由：与一个人的肢体和心理健全相关的（附属性）自由，法治原则下的权利，正当程序以及诸如此类的其他自由。（参见罗尔斯 1992：332–3，或参见《作为公平的正义》45）

罗尔斯开列基本自由清单的方式有助于解决一个可能将变得十分严重的问题，即如何估算出不同自由的相对重要性。在本书的第五章中，我们将看到，自由主义者通过对自由价值的呼吁去证明私有财产的强权利的合理性将是多么的困难。这是因为，自由主义者们使用了一个所谓“免于受到我们同胞压迫”的无差别的自由概念。如果我们根据这一自由概念去开列自由清单的话，我们将不可能在不同自由的相对重要性问题上得到任何满意的答案。而对于我们在单行道上沿着错误方向行驶的限制，就像（在某种意义上）对我们发声支持恐怖主义行为自由的限制一样。对于我们中的大多数人而言，这些限制条款是相当严格的，因为其将阻止我们去做一些我们或许想做的事情。然而，相关禁令将恐怖主义支持者的言论自由定性为不可接受的，这却是完全可以被接受的。为何如此呢？可以肯定的是，这不是因为某人拥有比其他人更大的强制力。相对的，罗尔斯的解释方式给了我们一条回答上述问题的原则化路径。我们能够发现，表达自由和听取他人表达的相关自由有助于我们发展和践行一种关于善的概念的道德能力与正义感，而沿着错误方向在单行道上行驶则不能。罗尔斯的解释方式也有助于我们估算出特定基本自由的内容。例如,表达自由权不会保护一个人在一个(没有着火的)拥挤的剧院内恶意地惊呼“着火了”的自由，并且允许以诽谤和言论不当的罪名对此人施以轻微的惩罚。因为这样一种表达行为(通常)并不是为了相关的利益。

有何论据支持自由原则以及其对于第二条原则的优先权呢？一个相当直接的论据就是，在原初状态下，自由原则及其赋予它的某种形式的优先权（虽然罗尔斯声称这种词汇排列意义上的优先权并不是必需的）是完全有效的。我们应当记得，处于原初状态下的当事人会忽略他们的代理对象关于善的概念，并会去考虑确保一个对于其代理对象而言可被接受的位置。他们知道生活在一个人们无法追求、并根据一定的理由和经验来修正自身关于善的概念的世界当中将是不可接受的，所以他们知道其代理对象对于拥有一种追求和合理修正其关于善的概念——即基本自由所必需的基本条件——是有着强烈兴趣的。在《正义论》和《作为公平的正义》中，罗尔斯提出了这样一个论据以支持一种特定的自由，即基本的良心自由。他解释说，处于原初状态下的当事人确实地知道，他们的代理对象将对指定给其的各种义务进行道德和宗教意义上的评判，但是当事人却既不知道这些评判的内容为何，也不知道人们会在其所在的社会中如何广泛地分享这些评判意见。因此，如果一种替代性的原则在确保相应条件方面体现出有效性的话，那么任何可能危及当事人能够确认和履行按照其关于善的概念所指定的义务的条件的原则都将是不可接受的。然而，这样一条原则是有效的，即所有人都应当拥有良心自由的原则（参见《正义论》181–2；或参见《作为公平的正义》104–5）。因此，当事人将会接受这条原则作为他们所选择的整个一揽子方案中的一个组成部分。

类似的论证可以用来支持绝大部分其他的基本自由：它们构成了践行和发展我们拥有一种关于善的概念和一种正义感的道德能力的相关条件，而无知之幕确保了当事人不能在没有同时保护基于其他人相关自由的情况下，简单地保护基于其代理对象关于善的概念的自由。这一点也影响到了他们对于表达自由、结社自由，乃至于政治自由做出的考量。

然而，这并不是任何一种形式的用以论证自由原则应当拥有对于第二条正义原则优先权——哪怕仅是在词典式次序上的优先权——的论据。罗尔斯并没有给出此类论据，但正如我们所看到的那样，这个论据是存在疑问的。首先，让我们弄清楚自由原则被赋予的优先权是什么。这种优先权意味着，既不应当在危害自由原则的前提下，也不应当以任何将会侵犯基本自由的方式，来实施公平的机会均等原则或最大最小化规则。因此，如果一种不平等现象是源自某人对基本自由的合法行使的话，那么，即便这种不平等没有满足惠及最不利者的原则，也是可以被接受的。类似的，即便一种不平等将会实现最不利者的最大利益，但它如果导致了对某种基本自由的侵犯，那么这种不平等也将不被许可。

为什么自由原则应当享有这样一种优先权呢？我们可以考虑到如下论据：假设你所放弃的部分良心自由是对于贯彻你关于善的概

念至关重要的必需之物时，你是否愿意放弃你的部分良心自由去获得诸如更多收入之类的好处呢？你所获得之物又将如何呢？按照罗尔斯的观点，你的所得毫无价值，因为你不能用它来做任何你想用它来做的事，所以额外的收入实际上没有任何价值。因此，在上述假设情境中出现了一个真实的交易就只不过是一种误解：你并没有得到任何东西，但却失去了你的自由。

罗尔斯还为自由原则做出了另一条评论意见。他指出："基本自由保护了那些对于人们具有特殊重要意义的根本利益。特别是在缺乏相互信任的稳定公共基础的情况下，这一鲜明特征是与宗教冲突、哲学冲突和其他道德冲突难以克服的性质联系在一起的。"（参见《作为公平的正义》105）换而言之，正如我所理解的那样，自由原则必须拥有一种特殊的稳定性，这是因为，对于基本自由的侵害将总是会威胁到一个正义的国家在实现自身延续方面所必需的信任方面的公共基础。

对于自由主义的激进批判意见有时会在形式自由与实质自由之间做出区分。形式自由仅仅是一种免受其他行为主体干涉的自由。但是拥有做某事的形式自由并不意味着一个人能够实际地去做某事。一个饥饿的人拥有吃东西的形式自由，但不是相应的实质自由（对于这一区分难题的有价值的讨论，参见斯威夫特 2001：53-4）。罗尔斯自己也在平等的自由与它们的价值间进行了一种带有平行性质的区分："自由是用来表示平等公民权的自由的完整体系，然而自由对于个人和群体的价值却在一定比例上取决于人们在体系框架限定下所能达致其目标的能力。"（参见《正义论》179，或参见《作为公平的正义》149，150-1）尽管罗尔斯在以上解释中使用了“能力”一词，但十分明显的是，一般而言，价值确实被理解为由个人所能自由支配运用的那部分自由所构成的资源所衡量的。作为对前述批判意见的一种回应，罗尔斯指出，作为公平的正义理论的确将自由原则理解为对于绝大部分基本自由仅仅是形式意义上的保护，但至少在这个意义上，它并没有给个人提供专用于享有特殊自由的特殊资源。尽管如此，作为一个整体来考虑，生活在作为公平的正义原则下的个人将不仅仅是在形式上享有这些自由——当然，根据第二条原则，他们将获得对于其所拥有资源的保障——而且将愿意在他们判断最为合适的时候将这些资源运用于实现他们的自由。因此，按照罗尔斯的观点，对于那些批判而言，是没有理由从整体上拒绝作为公平的正义理论的。

但绝大部分的自由确实仅仅在形式上得到了保护。比如一类自由就被单独抽取出来而得到特殊的对待，即政治自由。政治自由保护被罗尔斯称为“公平的价值”，这意味着，就其本质而言，政治过程应当隔绝于差别原则所许可的那种背景不平等——例如，这一许可将允许向政治竞选运动和受法律限定的竞选经费提供私人捐助。

结论

罗尔斯的理论常常受到两种类型的批评，而这是两种内在性的批评。批评者声称，采用了罗尔斯的理论前提后，那些原则是无法得到遵循的。因此，举例而言，即便原初状态得以确立，也会出现那种比差别原则更不苛刻的原则将被接受的情况。因为，当事人一定要优先选择一种“可接受的后果”。那么，他们为什么不去设立一个原则以确保令人满意的结果，而是要去设计那种确保对所有人而言是最低限度的坏结果的原则呢？类似的，罗尔斯所列举的在原初状态条件下所采用的那种具体的优先级规则也是含糊不清的。如果每条原则都很重要，那么又是否真的存在那种在所有环境中优先原则都完全优先于附属性原则的情况呢？

同时对罗尔斯的理论也存在着外部性的批评。批评者声称，罗尔斯采用了错误的框架，或者说他的一个或另一个原则是错误的，因为他没有考虑到这些原则是否真的隐含于他的框架当中。1971 年以来，绝大多数英语世界中的政治哲学都被认为包含着对于罗尔斯理论内部性或外部性的批评意见。在本书接下来的两章内容中，我们将关注那些隐含的外部性批评：在第四章中我们关注所谓罗尔斯选择了错误的衡量标准的观点，而在第五章中我们将关注所谓罗尔斯的原则是完全错误的观点。在第六章中，我们既能了解将罗尔斯的理论视为错误形式的个人主义的外部性批评意见，同时也能接触那种认为尽管其框架是完全正确的、他的逻辑也支持一种对于文化背景的选择权利，但反过来说，在一些环境中赋予族群差异权利以合法性，却会与个人权利产生冲突，并凌驾于个人权利之上的内部性批评意见。

第四章　可行能力理论

现在，我将转向一个在非政府组织和国际组织的政策制定者中具有不断增长的影响力的观点。这是一种自由主义的变体，它并不经常被当作一种理论，而是常作为一种方法被人们提及——即所谓可行能力理论[1]。我们记得，罗尔斯声称，一个国家应当考虑分配的是那些社会性的基本善。我们将通过考察每个人篮子里所拥有的社会性基本善的量，来找出那些最不利者。那些拥有最少的社会性基本善的人们就是最不利者。但这并不是一个政策制定者和经济学家们用来衡量福利的标准方法。例如，对于不同国家相对财富的标准衡量因素是国民生产总值——这一因素可以简单地用货币来表示。相对的，经济学者们倾向于根据偏好满意度来进行人与人之间的比较：如果一些人拥有更高程度的偏好满意度的话，那么这些人就被认为比其他人过得更好。可行能力理论是被阿马蒂亚·森作为对上述两种比较人际和国家间福利水平方式的替代方法提出的。但是森也将其作为一个对于罗尔斯基于社会性基本善的考量的替代品。在

[1] 可行能力是由阿马蒂亚·森在 20 世纪 70 年代提出的概念，指的是某人有可能实现的、各种可能的功能性活动的组合，是一个人所拥有的享受自己有理由珍视的那种生活的实质自由。——译者注

本章当中，我将概述可行能力理论，其中包括了森对其提供的辩护，玛莎·努斯鲍姆对其的发展，以及对其面临的潜在难题的考察。（参见努斯鲍姆 2000，森 1999）

在概述这一理论之前，值得注意的是，无论是森还是努斯鲍姆都没有像罗尔斯声称其理论所具有的完整性的方式一样，将可行能力理论当作一种充分的正义理论。可行能力理论所关注的仅仅在于国家应当考虑分配的是什么东西，而不在于应当按照何种规则进行分配。森和努斯鲍姆都强烈地聚焦于世界发展政策的规范性议题。同时，他们也完全知道，从短期到中期范畴的可行能力将不会得到平等的分配，或者是为实现最不利者的利益。因此，他们主张，每个人都应当至少拥有一种最低限度的基本可行能力。我将聚焦关注可行能力理论中与正义问题的相关论点，而不是去关注最低限度的基本可行能力、平等或是最大最小化规则应当成为分配的法则。

偏好满意度、实际收益与基本善

为什么森拒绝将偏好满意度和实际收益作为衡量良性正义目的的标准呢？让我们首先考察一下偏好满意度问题。森对此提出了三个理由（参见森 1999：62–3）。

首先，他将一些偏好称为“适应性偏好”。换而言之，人们拥有这些偏好，并不是因为有任何理由使他们相信对这些偏好的满足会满足他们的真实利益，而且因为人们所处的环境扭曲了他们对于何谓自己真实利益的认知。例如，某人是否渴望开始某种职业生涯将取决于一些其他的条件，诸如社会结构是否允许其满足自己的渴望。

一位妇女或许将产生成为一名妻子或一名母亲的愿望，但这并不是因为这样会真正满足她的利益，而只不过是因为这是看起来唯一现实的选择。我们不能为阻止她开启一段职业生涯的政策进行辩护，纵使她已经获得了她想要的，因为她想要的恰恰就是我们阻止她开始一份职业。

其次，正如我们在讨论罗尔斯将社会基本善作为正义的通货[1]辩护时所看到的那样，一些偏好的满足是代价高昂的，而另一些则不是。对社会基本善作为正义的通货的反对意见如下，即适应性偏好是这样一种忧虑所激发的：一些人所拥有的偏好太容易满足，因为他们为了回应不公正而抑制了自己的愿望；而另一些人所拥有的偏好则很难满足，因为他们无法抑制自己的愿望。对于一个味觉训练有术的普通人而言，红酒给予他的满足感与另一个满足于一杯茶的人得到的满足程度是一样的。不能仅仅因为他所得到的满足程度比一个有着更低味觉需求者来得更低，而从正义的视角认为更高味觉需求者的境遇更糟。

最后，如果一个人的关注点仅仅放在偏好满意度或功利主义方面的话，他就缺少了对应于权利的特殊价值或是自由的相关资源。一个偏好满意度的标准不能够区分值得受到权利保护的基本利益和那些有时可以为了他人的基本利益（或者因为某人处于困境之中）而被合法忽略的基本利益。这是特别成问题的，因为偏好满意度度

---

[1] 正义的通货，指有待分配的事物，在罗尔斯看来，所有的社会基本价值（基本善）——自由和机会，收入和财富，自尊的基础——都要平等地分配，除非对其中一种或所有价值的一种不平等分配合乎每一个人的利益。参见罗尔斯：《正义论》，何怀宏等译，中国社会科学出版社，2009 年版，第 6 页。——译者注

量标准不能区分被我们称为良性的偏好与攻击性的偏好。偏好满意度标准唯一的合理性在于反对一个人在实现自己偏好的过程中损害另一个或许和其他人有着不同偏好者的利益。因此，就像一些人不介意，或者不十分介意他们的权利遭到侵害一样，偏好满意度标准也没有反对这一点。❶

这些反对将偏好满意度作为衡量人类福祉的一个标准的论点暗示了，我们要去寻求该标准的一些客观度量，这些度量将并不会受到上述反对意见的轻易影响。其中，最明显的一个度量就是实际收入或者货币的元素。但是，正如森所指出的那样，使用货币衡量人类福祉也有着它自己的问题（参见森，1999：70−2）。人们在将收入转化为福利方面的功能性活动❷是存在着极大差异的。一些差异性（如更刁钻的味觉）是人们应当自己承担责任的。但其他因素则不处于人们的掌控之下。因此，例如，一个残疾人需要比一个健全人更多的附加资源去完成同一件事情。生活在温带气候区的人们相对于生活在极端气候区的人们，只需要在取暖和调节气温方面付出更少的花费，就能享受到同等水平的气温舒适度。社会温度也变化多样：生活在一个罪犯横行的社会中的人的不安全感是一种真正的

---

❶ 在森自己的相关讨论中，他实际上将这种考虑当作对于功利主义的一种反对意见。功利主义认为，我们应当采取行动来实现偏好满意度的最大化。这就暗示了，即便人们对其介意，如果这么做能够充分满足其他人的偏好的话，那么对于一个人的权利的侵害就会被认为是合法的。但是，即使替代以最大最小化规则——我们称之为平等的偏好满意度规则，这一观点也不能授权对人们在直觉上拥有的权利进行特殊处置。这就是我为什么将森的论点看作是对偏好满意度度量衡的一种反对意见，而不是对最为彻底的功利主义的反对意见。

❷ 功能性活动是由阿马蒂亚·森在 20 世纪 70 年代提出的概念，指的是一个人认为值得去做或达到的多种多样的事情或状态。——译者注

福利损失，而这种损失是不能够通过计算收入而得到度量的。在关系视角中也存在类似差异：一个富裕社会中的相对贫困者会被排斥在公共生活之外，而同一个社会中收入水平更低的人群却能够享有相应权利，而前者却被局限在他们自己的社群生活当中。最后，由于收入要流入家庭内部的各单位，而计算收入数额则完全没有告诉我们在家庭内部收入是如何进行分配的。但是，生活在男性成员消费大部分收入环境中的家庭成员的境遇，肯定比生活在男女更平等地分享消费环境中的家庭成员的境遇来得更差。

偏好满意度和实际收入作为福祉度量衡的功能仅止于此。但为什么森对罗尔斯的度量衡——社会性的基本善并不满意呢？森指出，社会性的基本善会招致如同收入标准一样的批评意见。它们是一些客观的善，而据此设定的标准并没有考虑到对人们在将其转化为福祉的能力方面存在的差异。当我们只是简单地考察其拥有的社会性基本善的相关水平时，我们并没有发现存在于一个半身瘫痪者和一个肢体健全者之间的差异。但如果一个半身瘫痪者既有轮椅，又有着与肢体健全者同样的银行存款数额时，那个肢体健全者事实上就会看起来过得比前者更糟。然而，这也是一个荒谬的结论，因为根据任何标准，半身瘫痪者都不应当被视为在此处于更好的生活境遇中。

可行能力与功能

森提出的替代标准是去考察人们所拥有的资源以及他们实际能运用这些资源所能做到的之间的关系。正如他所说的那样，在一个好的福祉理论中，“不仅应当计算人们各自拥有的基本善，而且应当计算掌控将基本善转化为人们实现其目的的能力的相关个人特质”（参见森，1999：74）。对于人们而言重要的是，他们能够实际实现的功能性活动，即“人们能够达到的实际生活水平”（参见森，1999:73）。行走、饮食、阅读、登山以及聊天都是一种功能性活动。“功能性活动的概念……反映了一个人也许值得做或者值得得到的多样性事物——它包含从基本性事物（如得到适当的养育）到非常复杂的事物（如能够参与社区生活当中）的范畴。”（参见森，1999：75）然而，当我们进行福祉水平的国际比较时，我们应当找到一种衡量标准，这种标准不仅包含着对于功能性活动因素的考量，而且反映出对何为重要之物的直觉认识不仅在于其所达致的功能性活动，而且也包括自由地达致功能性活动的内容。因此,我们应当考察“保障实现一个人有理由珍视的现实生活的自由”（参见森，1999：73），或是开辟另一条路径，即去考察“实质性的自由——对一个人有理由珍视的生活的选择”（参见森，1999：74）。“一个人的可行能力指的是她所能实现的可替代性的功能组合。可行能力因此成为这样一种自由：一种去实现可替代性功能组合的实质性自由。”（参见森，1999：75）

可行能力的概念对于森来说是至关重要的。因为一个人现实的功能性活动并不需要告诉我们更多关于人们将得到多大好处的内容。考虑一下这样的例子，一位放弃他的工作去支持世界和平运动的股票经纪人托尼和另一位股票经纪人锡德突然被困在一个荒岛上。一个星期后，他们的身体状态或许完全相同：考察他们的功能性活动水平将不会告诉我们存在何种差异。然而事实上却是存在着一种差异的：不同于锡德，托尼拥有很高水平的功能性活动能力，而他的低水平功能性活动是由他不同于锡德所做出的自愿选择所造成的。可行能力的概念通过考察隐藏于现实功能性活动之后的人们能够实现功能性活动的机会或自由，来发现了这种差异。

在理解可行能力方面，存在着许多难题。首先，同时也是最为引人注目的是常被称为索引性的问题。人们可能会拥有无数的可行能力，但没有人会拥有所有的可行能力。那么，我们如何来比较拥有不同类型可行能力组合的人们呢？为了展现这个问题是多么困难，让我们来考虑一下布莱恩和道格的例子。布莱恩是一位视觉障碍者，除此之外身体健康状况良好，并且他的其他感官功能十分发达。道格是一个听觉障碍者，同时处于一种痛苦的但不会使人衰落的慢性疾病的困扰中。他们中的哪一个人过得更好一些呢？为了回答这个问题，我们需要能够比较听力与视力的价值，并评估失聪和失明对于整体功能所造成的痛苦的重要性。但如何做到这一点是不明确的。而与比较布莱恩与道格相对于数百万其他某种能力缺陷，同时又缺少他们所具备的能力的人们时所遇到的难题相比，这个问题又根本就算不上难题了。

第二个难题考虑的是可行能力理论的完美性问题。对可行能力而非功能性活动标准的选择反映出森对于个人选择和自由的考虑。尽管如此，如果我们检验一下可行能力的定义的话，森其实并没有将其称为去做任何我们想做之事，或者珍视某事的机会或自由。他只是用只有那些具备功能的人才能“合理地珍视”，或是“有理由想实现”的方式来定义可行能力。在可行能力理论中，实现其没有理由去珍视的功能的人，要比那些实现了有理由珍视，但从直觉上看起来功能性活动更少的人处于更糟的境遇中。但森的论述几乎就止步于此了。道德哲学家们通常在内部性理由和外部性理由间做出区分。外部性理由是那些不考虑其是否受到代理人承认的理由（我有理由去吃得更健康些，尽管我不承认吃得更健康是一件好事）;反之，内部性理由则是那些代理人所“拥有”的理由。如果森考虑到了内部性理由，那么可行能力的观点就不是非常完美的，但对于森而言，在定义可行能力时提及相关问题完全是多余的。如果森考虑到了外部性理由，那么可行能力的观点就是非常完美的。新教徒们相信，我们每个人都有（外部性）理由去尊奉上帝的意志，并且我们都没有（外部性）理由去拒绝上帝的意志。因此，新教徒们是能够接受森对于可行能力的定义的，但他们也稍稍关注到了个人自由的问题，因为可行能力本身并不意味着可行能力将要被用以执行上帝的意志。

我认为可行能力的完美性问题本身就是一个去设想森的理论并不尝试成为一种极其完美的理论的很好理由。根据大多数与自由主义方法保持高度一致的观点看来，个人应当拥有各式各样的善，但（在现实中）人们却仅能认识到其中的一部分。因此，要同时成为一名专注育人的家长和一名世界级的登山家将是极其困难的——至少对于许多人而言，是不可能同时达到上述两种目标，也就是不可能同时拥有两种善的。人们能够拥有珍视多元和冲突性善的（外部性）理由。同时，对于他们而言，也完全可能有理由去珍视那些（事实上）并非善的事物，就如同我们可能有理由去相信那些事物实际上并不真实一样。考虑到这一点，对可行能力的关注就被放在了赋予这一理论自由主义色彩的部分，即可行能力理论对自由与机会的关注大于对成就的关注。

索引性难题

相对于森的理论，玛莎·努斯鲍姆对于可行能力理论的发展对完美主义问题的考虑更加敏感，并且也更直接地感兴趣于提出索引性难题。努斯鲍姆解释说，可行能力理论旨在提供一种罗尔斯意义上属于政治性问题的理论——即可行能力指的是一个人被授予的在有着广泛的更严格限制性概念的前提下所能给人类生活予价值的能力。她详尽地列举了十项基本能力，她认为其中的每一项能力都能够被接受为实现人类繁荣的必要元素。这十项能力构成了一条底线，一个使任何个人低于这条底线的社会将被认为是特别不正义的。尽管正义原则或许有一些，甚至是很多理由去讨论在这条底线之下的不平等现象，但确保每个人符合这样一条底线仍是所有存在着任何个人低于这条底线状况的社会所亟待解决的重大事务。她所列举的十项能力包括如下内容（参见努斯鲍姆，2000：78-80）：

1. 生活的能力：能够存活到人类正常生命长度的能力。

2. 身体健康的能力：能够享有良好的健康、营养和庇护的能力。

3. 身体健全的能力：能够使身体自由活动以拥有享受性满足、再造机遇，以及能够免于对身体的威胁的能力。

4. 感觉、想象和思考的能力：能够以一种“真正的人的”方式来想象、思考和辩论，以及接受实现上述能力所必需的教育的能力。

5. 情感的能力:"总之，能够去爱、去哀伤、去体现憧憬、去感恩，以及去合乎情理地愤怒"的能力（参见努斯鲍姆，2000：79）。

6. 实践理性的能力：能够形成一种对于善的概念，并使其作用于对人生规划的批判性反思的能力。

7. 归属感的能力：

（a）能够与他人生活在一起，承认并展现出对其他人关心的能力。

（b）拥有一个自尊和非屈辱性的社会基础：能够被视为一个具有平等价值的有尊严的人的能力。

8. 其他物种的能力：能够在生活中关心并保持与动物、植物和自然世界和谐关系的能力。

9. 玩耍的能力：能够欢笑、玩耍和娱乐消遣的能力。

10. 掌控环境的能力：

（a）政治方面：能够有效参与管理我们生活的政治性选择的能力。

（b）物质方面：拥有保持财产、寻求与他人平等基础上的雇佣机会、免于遭到无理由的搜查和拘押的能力。

努斯鲍姆没有为上述这份清单，或者为这份清单能够提供一种"重叠性共识"[1]的理念提供充分的论证，但这一点并不能被用来反对她的理论。她的基本理念是，特定的能力"发挥着对这些能力应

[1] 重叠性共识是罗尔斯在《作为公平的正义》中提出的理念，指的是不同的价值观念体系在各自保持自身的前提下就政治生活的基本秩序和原则所形成的共识。其相关原味为："这种政治正义观念是为各种理性的然而对立的宗教、哲学和道德学说所支持的，而这些学说自身都拥有众多的拥护者，并且世代相传，生生不息。"参见《作为公平的正义》（中国社会科学出版社 2011 年版，第 55 页）。——译者注

当得到发展进行道德宣示的作用”（参见努斯鲍姆，2000：83），从而成为针对政府的一种政治性宣示的基础。这些能力发挥着一种道德宣示作用的事实自证了这些能力能够达成一种共识，并且，虽然可能想象一些繁荣不需要用到努斯鲍姆所列举的一些能力，但很难想象有人真的认为每个人都能在不拥有这些能力的情况下人类可以得到繁荣的结果。因此，这些清单中的能力确实看起来拥有努斯鲍姆所要求的那种向心性。

上述清单并没有确切地解决森版本的理由所面对的索引性难题。但是，通过单独列举出一组对于资源拥有实质性需求的特别重要的能力，它还是部分地解决了上述难题。我们可以说，任何一个完全不具备十种基本能力的人要比拥有全部十种能力的人过得更糟。更进一步说，尽管正如我们将要看到的那样，这些能力并不能在彼此间互相交易,两者都是特别重要的,因为其中浸润着其他一些能力。如果没有了实践理性和归属感的能力，人们就将不像向他们践行其他能力那样得到繁荣的结果。因此，公平地说，缺乏这两项能力的人是比拥有这两项能力，但缺少其他能力的人过得更糟的。努斯鲍姆也区分出了能力的三重序列：

1. 基本的可行能力：这些能力是个人天生的拥有物，没有这些能力就不可能发展和实现更多的高级能力。（参见努斯鲍姆，2000：84）

2. 内在的可行能力：这些能力被发展出来，证明了存在着对实现不可或缺的功能而言十分充分的条件。这些可行能力不像天生的拥有物，而（通常）是一个人对其所生存的环境做出反应而发展出的一种内在表达。因此，性方面的功能就是一种内在可行能力，它要求一定程度的生理成熟，也要求一个人没有在心理或生理方面受到其所在环境的伤害。努斯鲍姆指出，绝大多数人都具备宗教信仰自由和言论自由的内在可行能力（参见努斯鲍姆，2000:84）。但是，他们是否能现实地实践言论自由，或是性方面的选择自由，则当然要取决于其所处的当前环境。——取决于外部条件是否允许他们去那样做。

3. 混合的可行能力：这些能力是为着实践某种功能而混合的内在可行能力及其与之相适应的外在条件的集合（参见努斯鲍姆，2000：84–5）。当一个人有着言论自由的相关内在可行能力，并生活在一个支持运用这种能力的环境中时，一种关于言论自由的混合的可行能力便呈现出来了。

这些不同类型可行能力之间的关系有助于引导政策制定，至关重要的问题在于提供发展内在可行能力和运用内在可行能力的相关条件。至此，索引性难题就得到了充分的解决，并为我们提供了在规划公共政策和评估不同国家的相对福祉水平时的大量指导。

我认为，在这个清单中相互分离的组成部分不应当被当作可互换之物。努斯鲍姆认为，拥有更多的其中一项能力并不足以抵偿在另一项能力上低于底线水平的损失（虽然，人们在一个相关的底线水平上彼此交易这些能力或许完全是明智之举）。努斯鲍姆同森一致地在能力清单中列举了一些被罗尔斯称为“自然的基本善”的内容。例如,健康就是这样一种自然的基本善——它不是那种社会能够（诸如通过金钱等手段）取走和进行分配之物。但是健康状况的不同通常是由社会性原因导致的，而政府也能够通过分配医疗保健资源和分配那些对人们健康产生影响的基本善（如教育、营养、免受污染物影响的自由等）来在很大程度上影响到人们的健康状况。[1]努斯鲍姆直觉地注意到：相对于讨论政府的作为（或不作为）引发不平等的情况，正义原则很少谈及自然原因导致一些能力不平等的情况。这是因为事实上，自然对于政府的作为是有着强烈反应的，而政府常常要对自然性基本善，比如健康等的分配不均承担罪责（正义原则对此常有责难）。

如同森一样，努斯鲍姆对于道德代理人的实践理由问题保持着深深的关切。道德代理人们必须拥有空间或自由，至少应该在一些非常广泛的限制条件下，去做出和践行其自己对于如何生活，如何对待他人的价值判断。因此，努斯鲍姆同意森关于可行能力是一种比功能性活动更适于作为衡量福祉标准的观点。同样，就像森一样，努斯鲍姆的方法也是适度完美主义的，但通过某种方式，她把问题解释清楚了。努斯鲍姆公开地希望授权国家去将一些功能性活动强加于人民（或者，更一般地说，是授权国家去强制性地阻止人们做那些危害他们保持可行能力的事）。这一主张的基础是，在功能性活动整体中一项可行能力越是居于核心位置，我们就越不应当允许人们去放弃这种能力，即便是出于他们的自愿。对于儿童的相关问题而言，这是一个常见的立场：我们认为，即便孩子们自己并不想这么做，国家也有权强制孩子们进入学校接受教育，以培养他们发

[1] 参见巴里（第十七章）对于此观点的详细阐述。

展其可行能力。而家长也有权为了他们孩子的长远利益，而强制孩子们去吃有营养的食品，并禁止他们将手指插入电源插座当中。努斯鲍姆提供了一些针对成人的不同标准，但其原则与儿童相关问题的原则却是保持一致的：对于成人的家长式统治在许多领域内都是合理的。在那些领域内，我们通过将一些功能性活动强加于人以保护人们的可行能力。因此，例如按照努斯鲍姆的观点，就应当禁止，或者至少高度规制自杀这一行为，因为生命是拥有任何功能性活动的前提条件。类似的，为了拥有实现功能性活动的未来机会，将自己卖为奴隶的行为也将是被严格禁止的。相对的，加入某个宗教派别则不会受到干涉。但是健康和安全的相关规则也是合法的，因为对于个人而言，获得信息是十分困难的，所以做出明智的选择也将是极端困难的。法律对于汽车驾驶员系上安全带和摩托车驾驶员戴上头盔的要求是合法的。因为，我们不希望个人去承担一时疏忽的代价。而为了防止对人们的一些可行能力造成长期的、不可逆的伤害，一些药物也是要受到严格管理的。努斯鲍姆甚至论证，即使是出于自愿的女性割礼[1]也是应当受到禁止的，这是因为这种行为将导致一种享受性愉悦能力的永久性丧失："政府禁止女性割礼看起来是很合理的，即使是在割礼行为没有受到强制的情况下：因为割礼除了会带来长期的健康风险，而且还会导致最大限度享受性愉悦能力的永久性丧失。——尽管个人当然在其不愿意享受性愉悦的情况下应

---

[1] 女性割礼是一种始于古埃及，现仍存在于非洲和阿拉伯世界部分国家的礼俗，目前已受到联合国谴责和许多国家立法禁止。同男性割礼不同，女性割礼的目的是割除一部分性器官，以免除其获得性快感，并且确保女孩在结婚前仍是处女，即使结婚后也会对丈夫忠贞。——译者注

当有自由选择不追求性愉悦的权利。”（参见努斯鲍姆，2000：94）

最后一项禁止性条款看起来是令人吃惊的。当然，大多数的割礼都是对儿童进行的，没有得到他们的同意（或者没有得到可以算作同意的表态，因为这种表态是来自儿童的），当然也就谈不上是自愿的。但是努斯鲍姆主张即便成人自愿接受的割礼也将是被禁止的。她说，一个希望抑制自己享受性愉悦的人，无论在是否接受割礼的情况下都是可以达到自己目的的，而阻止一个未来可能是繁荣结果的重要来源因素的代价是如此巨大，以至于我们应当合法地禁止人们去这样做。努斯鲍姆将这种可能的禁止同身体健全的价值联系在一起，但是这也存在着些许误导的意味。我们对于自己身体所做的（或者不去做的）许多事情都在相当大的程度上影响到我们的某些长期的功能性活动，但在这些领域内我们的行为不能受到禁止（或是强制）。例如，由于不练习我曾经练习过的瑜伽术，我可能在未来无法进行特定活动。同时，可以肯定的是，由于不再打网球或游泳——四十岁时我认为永不从事这些活动对我而言是完全合理的——以致对一些将来有助于增强我做某些事能力的身体健全性遭受了损害，但我又认为我将永远无法做那些事情的代价是值得的，那么就很难认为禁止我去放弃锻炼是合法的。那么如果一个人将体验性欲看成是对他们过一种平静安详生活的非常不受欢迎的干预又会如何呢？他们仅仅是想去“继续”他们的生活，同时不想去处理那些可能困扰他们的欲望。那么，为什么他们不应当被允许禁断一种被他们认为并非一条通向繁荣结果的坦途，而是构成了他们追求自己所选择的终极目标障碍的欲望呢？

对于努斯鲍姆而言，一个不去主张身体健全，而是代之以对实践理性的期望的答案是适当的。对于人们某种欲望的不可逆性禁断是存在问题的，因为这永久性禁断了一种非常重要的对于她的欲望或关于如何生活做出修正的可能性。在寻求相应处置的过程中，一个人以一种不可置信的方式将她的当前承诺变成不可逆转的、永久性的承诺。然而除此之外，这种行为也构成了对实践理性能力的侵害。此人将不再面对控制和对其欲望做出反应的挑战。实践理性的部分价值在于允许一个人在日常基础上成为自己生活的主宰，而不是遵循一条即便是由他自己事前制定的剧本来生活。反思并同自己的欲望进行协商，是一个人之为完整的人的内涵的一部分——无论此人感到这样做会给自己带来多少不便。❶

在做出这些评论时，我并没有表示对努斯鲍姆关于女性割礼问题立场的赞同，而事实上，她自己对保持这一立场也没有把握。作为一种替代方案，我尝试着阐明一种努斯鲍姆所依靠的看起来合理的更具一般性的理念。即不考虑个人自由的价值的情况下，当一些自我关涉性的行为将实质性地损害人们过上一种完整的人的生活的能力时，国家是能够合法地对其加以禁止（或是设法阻止）的。

我们也应注意到努斯鲍姆的可行能力在照看儿童及对他们的养育实施家长监护方面所发挥的指导性作用，特别是其对于政策制定者所发挥的指导性作用。儿童们通常被当作家长监护行为的恰当对象，是因为他们还没有完全发展出感知家长制不适的能力。儿童被当作家长监护对象有几种根源，其中我们应当特别关心到两方面的

---

❶ 我要感谢朱迪思·史提夫在澄清这些观点方面给予我的帮助。

来源：孩子们的父母与国家。孩子们的父母通常拥有相当大的权限去判断什么才是对孩子好的，但对于国家而言，去评估孩子们应当成为什么样的好孩子，或是将来应当成为什么样的好人则是更加困难的。努斯鲍姆的能力清单中建议，国家应当负责提供确保孩子们拥有使他们将来享有成人阶段合适范围基本能力所必需的资源与教育条件，而国家对于儿童教育的规制也应当反映上述目标。当然，这将使国家参与到强制性地赋予某些功能以确保未来充分运用这些功能的相关能力。我们中的绝大多数人在被强制进入学校之前，都没有真正学过外语。同样，在没有受到一定程度的强制之前，我们也不会去学习更复杂的数学，不会去学习如何欣赏莎士比亚作品。可行能力理论所认可的是，不去强制要求孩子们去做某些事情，就等于否定了他们在未来的人生中去做那些事情的机会。

努斯鲍姆指出，可行能力给予我们一种用于理解人权讨论问题的自然方式。有时，当政治家们谈论权利时，他们往往都认为权利是基本的：是相关讨论的起点。但是这仅仅是一种对政治性辩论加以限定的诡计。宪法保护权利，并且宪法实际上拥有政治性的强制力，因此人们才求助于宪法。但是宪法又可能是错的：它们所保护的是那些没有人能够去实际享有的权利，同时对于那些每个人都应当享有的权利却缺乏相应的保护。为了弄清什么是人们应当享有的权利，也为了能够评估宪法本身，我们需要一个优先性的道德标准，而这一标准便是由可行能力所提供的。通过列举每个人共有的那些基本利益，同时也通过展示一些对于使人们能够过上一种完整的人的生活而言不可或缺的利益，可行能力理论提供了一种对于权利诉求的道德理解。在努斯鲍姆的能力清单中，人们应当拥有受教育权、宗教信仰自由权和投票权的理由都是十分清晰的，但其对人们应当拥有携带武器权的论证则是完全不清晰的。努斯鲍姆将一些能力描述为混合性的可行能力，因为它们既涉及人们去做某些事情（如政治参与权、宗教活动自由权等）的外部条件，也涉及相应的内部性可行能力。但是，我认为更具有启示意义的，是将可行能力视为权利诉求的基础。如果一个人要求去做某事的基本权利，那么她就有责任去论证这种权利的合法性，而这种合法性判定又是通过展现做某事的权利在何种程度上是服务于一些可行能力所要求的。如果这种权利不服务于任何一种可行能力，那么它也就不是一种基础性的权利。

作为公平的正义理论和可行能力理论

我将以从两个维度上比较可行能力理论与罗尔斯的作为公平的正义理论作为本章内容的结束部分。第一个维度是，努斯鲍姆至少分享了罗尔斯的一个抱负，即一个理论应该在“政治性”的意义上能够从很大范围内关于良善生活的概念中胜出。努斯鲍姆声称她在寻求这样一种理论，这种理论“在政治性的，而不是全方位的意义上，促使我们去尊重良好公民可能拥有的诸多不同的关于善的概念，并且去培育出人们只要是不伤害他人，就能够按照其自己的观点去追求善的一种政治气候”。（参见努斯鲍姆，2000：59）基本能力清单在这个意义上理应被认为是政治性的，因为其所列举的能力都在一个广泛的关于善的概念中被承认为善。这个意义上的理论可谓走在了一条正道上。一方面，这一理论背后的道德观念必须包含的内容，才能够产生对社会制度提出真正要求的正义理论。因此，例如，它必须能够产生相应的原则，告诉我们应当如何指导资源分配，应当对基本自由采取何种立场，以及基本自由的内容为何。我们可以推测，一个对道德理念毫无要求的理论是无法达到上述目标的。另一方面，这个理论必须要求的是足够少和足够温和的道德理念，这些道德理念不能与一个更广范围内现实存在的关于善的概念产生深刻的冲突。

任何正义理论都不能垄断所有现存的关于善的概念：一位伊斯兰宗教激进主义者、一位好莱坞的自由主义者、一位美国南方浸信会[1]教徒和一位托洛茨基主义者如何能在不至少放弃他们的一部分原有观点的前提下，对一个单独的、确定的正义理论达成完全的共识呢？无论是努斯鲍姆还是罗尔斯都没有这样的理论野心。罗尔斯限定自己要在合理的善的概念范畴内寻求对其理论的支持，对此，他制定了如下信条，即他的理论“承认做出判断的艰难，并因此承认在其他政治价值中包含着良心自由”。（参见《作为公平的正义》191）无论是努斯鲍姆还是罗尔斯都没有认为，对于各种合理的善的概念的坚持，将立刻承认其各自对应的正义理论的真理性。相对的，他们认为，随着时间的流逝，通过对广泛共享的价值提出诉求，这些理论能够获得支持，人们会承认按照这些理论原则生活的价值，并且调整自己关于善的概念以包容适应这些价值。

---

[1] 浸礼宗是从 17 世纪英国清教徒独立派中分离出来的一个派别，因其施洗方式为全身浸入水中而得名。此宗派的特点是反对婴儿受洗，坚持成年人始能接受浸礼。其神学思想受加尔文主义的影响，洗礼观念属于重洗派（门诺会），而教会体制则为会众制受公理会的影响。美国南方浸信会是美国新教最大的教派。——译者注

这是在寻求一种压迫性的关于正义的政治理论吗？一些人或许会如此认为。无论出于何种理由，一个关于政治的正义理论忽略了那些不愿意承认做出判断艰难的人们的观点，并认为获得这些人对该理论认可的重要性低于获得那些遵循承认做出判断艰难性的实质信条的人们。正如罗尔斯自己所支持的那样，在教育体制问题上，他的理论建议人们放弃不合理的信条，因为这些信条会鼓励人们将他们自己设想成一个拥有所有权利和自由并将始终维持这些权利和自由的世俗国家的一分子，而不是设想自己将受到法律和他们成长的宗教社区中的规范的束缚。（参见《作为公平的正义》156）但需要注意的是，这并不构成政治自由正义的合法性理由或是目的的一部分。无论是罗尔斯还是努斯鲍姆类型的政治自由主义，都是凭借其公平分配社会合作成果的目标而获得合法性的，而两种类型的政治自由主义也都包含着对于良心自由、宗教自由和结社自由强力保护的内容。传统主义者会抱怨他们的观点将很难在自由主义秩序中找到立足之地，但他们不能抱怨说，自由主义秩序就是设计来制造这种难题的，他们也不能详细描述出一个不会将同样的负担加诸那些持有不同的、但都是合理的观点的人的替代性秩序。

第二个比较将使我们回到森对于基本善度量衡的批判意见上来。在可行能力标准与基本善标准间究竟存在着多大差异？森和努斯鲍姆都很好地比较了可行能力与基本善。但罗尔斯不仅不同意这种很好的比较，他甚至还否认了这是一种具有相关性的比较。相对的，他指出：

关于基本善的表述确实将基本能力考虑在内，而且不是

> 从基本能力当中抽象而来的：换而言之，这些基本能力就是作为自由和平等的人的公民凭借他们的两种道德能力而拥有的能力。正是这两种道德能力使他们能够终身成为正式的、完全合作的社会成员，并且能够保持其作为自由和平等的公民的身份。我们依赖于公民能力和基本需求的概念，而且，平等权利和自由也是由我们所考虑的这些道德能力所规定的。（参见《作为公平的正义》169）

换而言之，社会基本善概念凭借其对基本能力的贡献而获得了合法性，并被期许有助于启发我们解决我们所看到的困扰可行能力理论的索引性难题。社会性基本善与森版本的可行能力之间的区别至少在于前者构成了一种公共性的衡量标准。基本善的概念具有三个优点。首先，如果我们拥有了一个公共性衡量方法的话，公民们就能够据此更容易地考察正义原则是否得到了实现。其次，这个理论能够使得政策制定过程变得更加透明，因为，政策制定者能够看到特定政策可能的负面后果是什么。最后一个优点也源于前两个优点，即通过考察受到公共性衡量的政策后果，公民们能够更容易地使政策制定者对其作为的成败负责。

无论作为公平的正义和可行能力在理论方面如何接近，有一点都是清楚的。即两个理论都要求对于富国内部，及富国与穷国间的收入和财产进行迥异于现存分配状况的广泛再分配。此外，两个理论也都要求进行迥异于自由市场分配结果的广泛再分配。接下来，我就将转向考察各种反对进行此类再分配的理论。

第五章　自由意志主义者的正义观

至此，我尚未讨论来自自由平等主义者的正义观当中的一种批评，该批评认为平等主义者关于收入和财富的再分配的理论是不可接受的，因为它包含了对那些已经被征税者的财富的不公平的侵害。本章通过讨论两种不同版本的自由意志主义者的正义观，来关照这种反对意见：通常的正义理论包括对私有财产的广泛的权利，因此只有最低的税收是正当的，而且当征税的理由与被征税的货物不存在关联时，即使是最低的税收也难以具有正当性。

我将要讨论的两种版本的自由至上主义，已经对英语国家的公共生活产生了极大的影响，并且可能比本书中所讨论的其他理论更具影响力，与在之前的章节中所讨论过的理论相比更为不同。在介绍自由意志主义者的正义观的特殊理由之前，适当谈论财产权是比较重要的。人们有时在谈论财产权时比其他话题要简单：只要你拥有某种东西，无论何种情况你都可以任意处分，反之，你便没有这种权利。但事实上，当某人合法拥有某种东西时，他们通常对其享有一系列权利，并且这些权利随环境而变化。例如，房屋所有权，如未被抵押，则包括对屋子的居住权，但没有权利在屋子里养鳄鱼；甚至不包括永久在地下室储存垃圾的权利。在许多行政辖区，分区法律限制从个人财产获得收入的权利。个人可以申请建筑物商业用途许可，以及针对不同商业用途的许可。

对于人们应当被允许任意处分其财产的观点而言，典型的自由意志主义者并不声称对财产的权利是绝对的；并且他们也一致同意为了维持他们所谓的最小政府，个人的收入可以被征税，最小政府致力于保持有效的国防，支持法治，以及保护私有财产。他们所一致维护的，以及使他们区别于平等主义者的正义观，是支持对私有权利的特别保护，因而认为为了再分配目的的征税则是不公平的。

第二步是解释自由平等主义者与自由至上主义者公开宣称的两点不同。自由平等主义通常可以被理解为一系列具有相似性的原则——相信资源平等抑或机会平等是唯一的核心原则。自由平等主义者同意正义的基本原理，即使不是如此，至少他们的不同观点是在有限的范围之内的。但是对于那些原理被应用之后世界将如何，他们的分歧较大：例如，罗尔斯主义者在看待差别原则在现实世界中导致的不平等的程度上有很大不同。但是，自由意志主义者通常并没有共同的正义理论（或者显著的相同点）；事实上一些自由意志主义者（像奥地利经济学家弗里德里希·哈耶克）否认共同的正义观（哈耶克，1960）。使自由意志主义者联合起来的是一条宪政的惯例——我们需要政府，并且在强调市场机制效力的条件下，它具有保护生产性资源的私有财产的优先权。政府的职责只是维持市场运转，保护我们个人自由，并解决相关的公共物品问题（那些可预见的比政府自身制造的混乱存在更多问题的情况）。20世纪自由至上主义作为对马克思主义的一种反动而兴起，特别是比马克思主义更为复杂的产物——社会民主的诞生。与上述两种运动都不同，自由平等主义的公共影响较小，它是对功利主义的不足、马克思的政治理论和自由至上主义本身的一种智性的反思。

弗里德曼论自由

米尔顿·弗里德曼声称自己是一个古典自由主义者，更甚于一个自由意志主义者。他认为政府具有广泛的合法性功能，包括促进公共的善与抑制公共的恶。但是他的著作对那些主张以再分配为目的进行课税而遭到反对的政治家和经济学者产生了极大影响——它可能是自 20 世纪中叶以来最具政治影响力的理论。因此，本章将以考察弗里德曼的理论开始，接着研究更具决定性的自由意志主义者罗伯特·诺齐克的理论。

弗里德曼重视他称之为“古典的”或“经济的”自由主义在自由中的价值，该价值中财产权利极为重要。弗里德曼主要是一个经济学者，而非哲学家，因此将他置于本书之中显得有些奇怪，但实际上他的理论具有非常清晰的伦理基础，而且与一些自由意志主义者的（同样，也包括那些非自由意志者的）理论相比，他的理论在制度性方面更加细致入微。

弗里德曼的自由至上主义的核心观点是认为在经济自由（通过极大地保护个人权利实现对财产的占有和使用的制度）与政治自由（个人能够通过他们的权利非常自由地追求其人生理想而受到政府的最低干预的政治体制）之间存在着深刻的联系。这种联系并非是恒常的：如果两种制度是一致的，那么所有我们需要做的是去实现政治自由，而且我们也将实现经济自由（反之亦然）。如果相反，这种联系则会如此：政治和个人自由只能在经济自由的制度中实现。

经济自由是“广义的自由的组成部分，因此经济自由本身也是目的。其次，经济自由也是实现政治自由的不可或缺的手段”（弗里德曼，1962:8）。弗里德曼认为个人自由是免于他的同胞的强制（弗里德曼，1962：15）。关键的是自由意味着不被其他人以个人的名义或以某些机构（如政府）的全体的名义强迫（做某事或不做某事）。自由只被他人的活动所限制。

我将转向通俗一些的问题，自由对于保护社会制度的设计而言具有价值，针对这一观点有两条鲜明的反对意见。第一，自由并非一种基础性的价值，重要的是人类的繁荣，以及人们对如何行动的自己的判断，自由仅仅是关于是什么使他们繁荣的最好的指南。有时人们的偏好是不自知的，这或许对他们不利。因此，自由只是一种工具——到目前为止它之所以重要，是因为它促进了人类的繁荣。第二，弗里德曼的自由的含义并不是我们通常对自由的理解。更加通常的理解是，某人有自由做某事而不受外在力量的干预，即使干预他的不是人类，他的自由也受到了损害。因此，如果有人因为雪崩而被困在山洞里是没有自由离开的，即使没有人为强迫的因素在其中。

弗里德曼对第一个反对意见的回应使我们可以对第二条反对意见做出回应。弗里德曼说，自由至关重要的原因是它能让我们过有道德的生活。一个人需要自由从而过有道德的生活，因为他需要发展和锻炼自己的能力以改变交往经验的不足：

> 自由主义者的一个主要动机是让个人与伦理问题去搏斗。真正重要的伦理问题是那些在自由社会中个人面临——他应该如何对待自己的自由。因此，自由主义会强调两套价值观——与人和人之间的关系密切相关的价值观，是他优先考虑自由的背景；再者是与个人在行使自我自由时相关的价值观，属于个人伦理和哲学的范畴。（弗里德曼，1962：12）

这种回应强调人的能动性，因此它提供了对第二个反对意见做出回应的方法。人为地强加的限制之所以重要，是因为它们是人类能动性的直接反应：有些事情是其他的一些道德主体能够明显地做出的。这使的这些限制带来了正义的问题，如果我们以不同的方式来看这个问题，从政府的角度考虑，非人为地强加的限制则不涉及正义的问题。

在我们能够做出并执行我们自己的判断中，在根据我们必须与之搏斗的伦理原则来生活时，个人自由符合我们的利益。强迫并不一定是故意的强制：弗里德曼说“邻域效应”的错误在于它是高压政治的实例，尽管根据定义它们并不含有强制的意图。例如，当一个工厂老板污染了一条他没有财产权的河流，因此，他强迫那些生活在下游的人，被迫在寻找替代水源或清洁这条原先是干净的河流之间做出选择。

经济自由是个人自由的组成部分。目前，与他人的贸易不受强迫，（在弗里德曼看来），这就是贸易自由。弗里德曼理解的经济自由是订立契约的自由：除非是正当地考虑公共效应，否则政府对合同有效性的任何限制都是对自由的一种侵犯。因此，对于弗里德曼而言，资本主义是唯一能够制度性地确保经济自由的经济制度。当然资本主义经济运转有多种不同方式，而且，弗里德曼的理论揭示了经济自由在政府对从市场中获得的收入和财富的最大部分进行再分配时得到了最充分的实现，并且政府对市场进行干预只是为了调节货币供给,防止垄断的出现和保护产权（如通过版权和专利法案）。最好的制度是他称为“私有企业自由交换、自由竞争的资本主义制度”（弗里德曼，1962：13）。

非竞争性的做法和市场失灵对弗里德曼来说存在问题，不仅因为它们是低效的，而且它们更可能使强制发生，从而导致对自由的侵犯。考虑一下最明显的市场失灵：负外部性[1]。假设上游工厂主向河流排污，而下游的农民现在面临在受污染的水和净化污水之间做出选择。农民付出了一定的代价，而一些本可有的选择也受到了限制，这是由污染者故意行为造成的。弗里德曼认为这便是强制。他谨慎地认为政府不应干预市场失灵，部分原因是他怀疑政府的能力和他们的动机，还有一部分原因在于他认识到政府行为的浪费更甚。但他清楚原则上市场失灵需要政府的合法干预。

弗里德曼对资本主义与自由之间的联系做了两种不同的辩护。第一，他乐观地判断经济自由是政治自由（是个人自由的核心组成部分，在弗里德曼的论述中它代表了个人自由）的先决条件，因为

[1] 负外部性，也称外部成本或外部不经济，是指一个人的行为或企业的行为影响了其他人或企业，使之支付了额外的成本费用，但后者又无法获得相应的补偿的现象。或是对交易双方之外的第三者所带来的未在价格中得以反映的成本费用。——译者注

政治自由只有在资本主义制度中是普遍的。“在这种情况下，政治自由很明显地伴随着自由市场和资本主义制度的发展。在古希腊的黄金时代和罗马早期，政治自由亦是如此。历史证明资本主义是政治自由的必要条件。”（弗里德曼，1962：9–10）他认为，资本主义并不保证政治自由：1932 年至 1941 年的德国被认为是资本主义国家，还包括现代新加坡以及其他诸多例子。但是他认为非资本主义社会没有实现政治自由，而许多资本主义社会已经实现了合理程度的政治自由。（弗里德曼，1962：10–11）

第二种观点更普遍（弗里德曼，1962:15–26，第 16–20 项举例）。弗里德曼认为：“政治自由意味着个人免于其同伴的强制。自由的基本威胁是强权，对自由的保护需要将权力的集中程度消除到最充分的程度并且分散和分割任何不受控制的权力。”（弗里德曼，1962：15）如果经济权力掌握在政治权力中（政府和其下属机构，如地区和城市政府），那么经济力量就无法制约政治力量。如果相反，经济权力与政治权力保持距离——例如使私人掌握的资源最大化——那么，经济权力实际上是政治权力的制约。但是政治权力分割的最好的（如果不是唯一的）方法是发展自由市场。广泛的生产资料私有制与维持市场有效运转的尽可能少的监管，是维持政治自由的最佳途径。

弗里德曼举了一个特别的例子。在资本主义制度下，对激进变革（政治自由的构成要素）的支持可以通过私人所有者的逐利行为来实现。他们试图生产能够获利的文学作品——当存在着左翼观点的巨大市场并可以赚到钱时，他们将制作左翼杂志。但是在掌控着出版权的社会主义政府之下就可能无法这样做——这里一定没有保障倡导激进变革自由的办法。因为政府本身就是一种化解批评政府言论的机构，它没有动力去提供这些资源。当然，左翼宣传威胁到了资本主义制度，资产阶级同样有理由反对生产新闻和报纸以遏制左翼对资本主义的批评。但是，每一家资本主义公司都只面对一部分左翼宣传所带来的威胁，而出售新闻和报纸的公司却从商品销售中获得巨大收益。因此，资产阶级存在严重的集体行动困难，在弗里德曼的资本主义中，这种困难是无法克服的。资本主义制度比任何其他制度都更容易受到来自自身的批评。

弗里德曼的观点都不是很成功，至少在论证自由意志主义者支持的产权制度方面。考虑一下第一条。在弗里德曼看来，只有资本主义经济才会欢迎宪政原则和普遍的自由。但是所谓的社会主义制度通常是在极其不利的环境中建立的，而那些享有广泛自由的政权的规模非常小，以至于我们无法有信心进行任何形式的归纳。

更重要的是，资本主义经济在其政府参与的收入再分配中有着巨大的差异，我们有理由认为，健全的产权保障会提高相对平等的社会民主制度的自由程度（甚至在弗里德曼看来）。因此，举例而言，没有理由相信在政府参与了大量损有余而补不足的再分配的瑞士与荷兰，比对市场成果很少进行再分配而且人们的处境更加不平等的英国和美国的自由更少。

弗里德曼没有提供任何一种衡量大量人口的自由的方法，因此，主张平等主义的社会民主主义并不比自由市场的资本主义更不自由，这很难成立，基于同样的原因这也很难被反驳。但弗里德曼真正告诉我们的自由，则意味着当财产权得到维护时，如同财产被重新分配时一样，自由被剥夺了。自由的含义是“个人免于被同胞压迫”。现在思考下述案例：朱利安拥有一英亩土地。桑迪、查尔斯和菲奥娜想在上面走。朱利安想在没有一个人在土地上的情况下观察它，感觉就像他所熟知的所有领主一样。如果朱利安获得了土地的独占使用权，就像他想要的那样，那么土地对于桑迪、查尔斯和菲奥娜而言具有排他性。必须施加强制性措施以阻止除朱利安之外的任何人使用它。一般来说，在资本主义社会的法治政府下，这些强制性措施将通过法律来实施，并且受到国家暴力机关的支持。朱利安对财产所有权的自由是查尔斯、菲奥娜和桑迪对它的不自由。

对财产享有的自由是一种特性，只要你喜欢，它就存在竞争。而言论自由就不具有这种特性，每个人都可以马上发言，虽然这不是一个富有成效的安排，但它是能够同时都享有的同样的自由之一。对言论自由的权利的限制通常是针对某一些人，对另一些人而言，当这些限制被解除时，那些言论自由从未受到限制的人并没有因此得到更少的自由。但是当查理和菲奥娜对朱利安的财产的自由增加时，相对的，朱利安的自由就减少了。

弗里德曼可能会对这一批评做出回应，他说财产是朱利安的，所以查尔斯、菲奥娜和桑迪没有权利自由地对待它。也许如此，但问题是财产是谁的。如果弗里德曼想要证明私有财产权，特别是诉诸自由的价值而反对市场收入的再分配，他不能通过声称朱利安占有财产而证明查尔斯和菲奥娜的不自由（因为所有人的自由价值都应当是第一位的）。没有理由相信财产权的强大能够促进自由。

朱利安的例子引发了一个弗里德曼从未真正解决的问题。在这个例子当中，对某一特定财产的自由的分配是不平等的，自由是直接竞争性的，因此保护某个人的自由包含着对其他人的自由的否定。弗里德曼对资本主义有热情是建立在它能够促进自由的判断之上。但那是谁的自由？他没有考虑自由是如何被分配的。但如果自由在某些方面是竞争性的，那么当我们在促进自由时必须考虑它是如何被分配的。在财产的例子中就归结为财产是如何被分配的问题：财产分布越均匀，则使用财产的自由就被分配的越平等。如果自由因弗里德曼认为的原因发生作用，并且每个人都是有价值的，那么选择使某些人的自由最大化的制度便是错误的，而且在这一制度中另一些人几乎没有自由。事实上，如果每个人都和其他人一样重要，那么我们就应该拥有平等的自由，或者至少每个人都应该有合理的机会过有道德的生活。如果拥有财产是自由的核心，那么原则上对市场结果进行适当的再分配是允许的。

需要注意该反对意见接受了弗里德曼的一个中心前提，即他所理解的自由是非常重要的。它还接受了他对集体所有制的批判，并主张更平等的个人所有制（或者至少和其保持一致）。他对集体主义主张的反驳有一定的合理性（如苏联共产主义），但对再分配主张（如欧洲社会民主主义）的反驳是缺少合理性的。

现在从政治自由与集中的经济权利之间的不相容来思考弗里德曼的第二条反对意见。这条意见有多个地方需要注意。首先，弗里德曼对于资产阶级解决有关异见问题时集体行动能力不足持乐观态度。一些马克思主义者认为所有的资本家都有他们的共同利益，这显然是错误的：资本主义世界的权力中心到处都是游说团体，它们为了国家的补助金、不同的环境法规、相反的贸易惯例等而相互竞争。但是在很多情况下很少有公司能从一个蓬勃发展的反资本主义媒体中获益，即使其刊物非常受欢迎；而对于其他公司，如果他们感觉受到威胁,可能会觉得要求实行严格的审查制度相对容易,当然，比起面对那些可能会被媒体吸引的相对贫穷的工人阶级来说，面对一个不那么严重的集体行动问题要更容易。当（社会）对于强大的反资本主义媒体几乎没有任何需要时，以及自由市场资本主义看起来在大多数发达社会都根深蒂固时，弗里德曼的观点似乎很有说服力,但是,如果反对（资本主义的）声音比现在更广泛和更具威胁时，那么资本主义公司要么积极地支持或接受对持反对意见的言论自由的限制。

再者，值得一提的是，即使承认弗里德曼的观点，如果经济权力集中在国家手中，那么持反对意见的自由将是不安全的，这也并不能支持他对反对再分配的强大权利的主张。事实上，如果得到有效执行，财富的再分配是一种分散经济力量的方法。弗里德曼给了我们一个拒绝生产资料广泛国有化的理由，但这并不是拒绝生产资料所有权更平均的理由。在不继续讨论弗里德曼之前，我想说的是，这个反对社会主义的观点实际上被早期的中央集权的思想家——列宁所预见。在即将爆发俄国革命之前的时期，列宁因担心政府掌控公共讨论的机器（媒体）之后很难保证竞争性的政治辩论，从而提出了这个解决方案。

苏联形态的国家权力接手了所有的印刷机和新闻纸并平等

地分配它们；那些已经在两国首都投过一到二十万选票的人认为国家应是第一位……大的政党第二位，小的政党第三位，之后是具有确定数量的成员或已经集中了一定的签名的公民团体。（列宁，1964：283）

列宁的特殊解决方案在很多方面都是不受人喜欢的，而一旦掌权，布尔什维克就不会再那样麻烦地考虑细枝末节了。提到这个问题的目的是为了表明国家可以为公开辩论公平地分配资源，在某种程度上，它保证了对持不同政见者提供公平资源，而不诉诸私有制和价格机制。

诺齐克论权利

与弗里德曼不同，诺齐克明白罗尔斯的正义论，而且他的《无政府、国家和乌托邦》（1974）被认为是对罗尔斯《正义论》的反驳。诺齐克的立论不是直接由对自由的关注出发的，而是由他所称的“个人的分立”（separateness of persons）[1]出发的。“个人的分立”表达了这样的观点，即从道德视角看每个人都有其价值，有益于社会并不能证明损害个人的行为是正当的。对诺齐克来说，公共善是由个人的善构成的，而且它不能独自成立。因此，人们可能为了获取其他利益而牺牲某些利益（他们为了自己的健康而节食），但为了他人的利益牺牲某些个人的利益是不合理的。因此，诺齐克说，“没有已经

[1] 个人的分立，是指人具有独立的价值，即在真实的世界中，我们的行为会影响不同的人。一个人的重担是不能由其他人的益处抵消的。——译者注

获得利益又为了其自身的利益而做出牺牲的社会。这里只有个体，不同的个体和他们自己的生活。只有利用某一些人而使另一些人获益，利用他而使他人获益。没有更多了”（诺齐克，1974：32–3）。

诺齐克认为“个人的分立”论题支持对人的行为进行确定的道德边际约束。它们描述了我们可能永远不会对他人做的事情（国家可能永远不会代表我们对他们做这些，也不会对它自己做这些），因为做这些事情意味着把它们当作达及我们自身利益或幸福的一种纯粹的手段。因此，人们普遍认为如果陪审团明知他是无罪的而仍然判定犯罪嫌疑人有罪，那将是错误的，即使他们相信宣判他有罪会减少一些不良的社会影响——例如，因大多数人认为是非法的无罪判决而带来的骚乱。这种情况是被道德约束的观念所绝对禁止的。可以这样来看：有些成本是我们绝对不能强加给某些人的，即使是从个人成本效益来分析，这些成本的合理似乎是由于为他人带来的好处所决定的。

我不会质疑诺齐克的观点，即存在这样的边际约束[1]，尽管它绝不是一个没有争议的观点，这一点我们将在下一章中看到。但要接受有这样的边际约束，有趣的问题是：它们是什么？如诺齐克所言，“政治哲学只关注特定的问题即人们不能利用他人：主要是对他人进行身体上的攻击”（诺齐克，1974：32），他认为这是18世纪的哲学家伊曼纽尔·康德最自然的解读，即我们应当“以这样的方式对待

[1] 指道德边际约束（moral side constrains），目的能够证明手段，诺齐克放弃这种目的论观点，把权利作为一种对任何行为都始终有效的道德边际约束，意味着不管目的、动机如何，任何侵犯个人权利的行为或行为准则都不是正当的。

人类，无论你自己还是他人，都不应只作为一种手段，而永远要同时作为目的”（康德，1998:38）。但是承认国家为了特定的目的能够使用强制力，诺齐克必须要面对这个问题，即国家通过强制力对收入和财富的再分配是不合法的目的。

他这样做的目的是为了捍卫他所谓的正义的“权利”理论中的持有正义，这将占据我们讨论的剩余部分。该权利理论包括三条原则：

1. 依据有关正义的获取原则获得持有权的人有权持有。

2. 依据有关正义的转让原则从他人手中获得持有权的人有权持有。

3.（再次强调）除非通过第一条和第二条的申请，否则没有人能获得持有权（诺齐克，1974：151）。

明显地，诺齐克需要说明的是正义的获取与正义的转让。但是在考察有关这些问题方面他之前说了什么，我们可以看到应得权理论似乎与前几章中遇到的理论有不同的形式。不是指定一个世界必须遵循的分配方式，诺齐克的理论指定了一系列仅仅满足保证正义的程序。他宣称，从这个意义上这是一个历史面向的理论：只看当前资源的分配是谁占有什么，没有告诉我们这个分配是否公正；我们需要知道这个分配是怎样实现的，也就是，在正义的获取原则和转让原则中是否得到了遵循。他反对他称之为“模式化”的理论，如罗尔斯和其他平等主义者的理论。在有模式化的理论中，我们可以简单地通过观察现有的分配是否符合公平原则所规定的模式从而知道是否实现了正义。

那么，关于正义的获取和转让原则，诺齐克将正义的获取原则陈述如下：

> 如果其他人无权持有 X 且 A 持有 X 不会使其他人的境况更糟（除非从可竞争意义上而言其他人不能使用已被 A 侵占的资源，或者在市场竞争中 A 可能利用这些资源为自己谋利），A 有权持有 X。（诺齐克，1974：177–8）

诺齐克为正义的获取原则提供了令人惊讶的少量论证，几乎只专注于限制性条款（A 对 X 的持有必须不能使其他人的境况更糟）。他明确否定了诸如约翰·洛克的正义的获取理论，这些理论使得获取依赖于混合的劳动，或者以其他方式提高被获取对象的价值。从根本上说，对于原则的第一部分的辩护似乎就是没有理由反对最初的获取，除非它让其他人更糟，而且这个例外是被限制性条款所予以规避的。

诺齐克没有为这个原则提供任何论证，这也许令人吃惊，但这并不是一个严肃的批评。重新分配的支持者，也就是诺齐克主要反对的人，也很少提及最初的获取。很明显，举例而言，有些人认为地球的福祉独立地取决于它对人类的效用，他们可能会反对诺齐克的原则，原因是他的原则不涉及人类之外的其他生物的利益。但是诺齐克在重新分配问题上的反对者在很大程度上同意他的意见，即人类的利益是唯一的。更重要的是，即使是那些不同意这个观点的人也会为了争论而让步：他们想要和他讨论人类的再分配问题，所以他们会专注于诺齐克为这一假设而提出的原则，即他们试图找到就人类的利益而言的正义所需要的东西。

诺齐克关于正义的转让原则更具争议：

从 A 的转移，只要 A 和双方都同意从 A 的转移，而且都不是强制的（诺齐克，1974：115）

诺齐克的确承认，正义的获取原则附带的限制条件一定在原则上影响我们对正义的转让原则的判断。他说“一些对于有关侵占的限制条件的反应约束了后来的行动”（诺齐克，1974：179）。但是这些情况非常罕见（“该限制条件几乎从不会生效”，诺齐克，1974：179）；只有当某人挪用了一些对生命至关重要的物品从而危及其他人的生存时，该限制条件才会介入。

诺齐克为正义的转移原则提供了一个论证，结论是任何其他原则，特别是任何再分配的税收，都将构成对人类自由的不正当干涉。他用了两个令人信服的例子来论证这个观点：著名的威尔特·张伯伦[1]的例子以及不太有名的电影观众和日落观察者的例子。首先看一下威尔特·张伯伦的例子。假设威尔特·张伯伦是一个才华横溢、备受瞩目的篮球运动员，[2]他与球队签订了一份合同，规定每次主场比赛他从每张售出的票的金额中得到 25 美分，那么 100 万粉丝观看比赛，他就有了 250000 美元（这本书诺齐克写于 1974 年，这可以解释总数为什么不高）。诺齐克的问题是：“这种新的分配方式不公平吗？如果不公平，原因是什么？（诺齐克，1974:161）。毕竟每个粉丝自动地将他们的 25 美分给了他；球队自愿地与张伯伦签订合同同意他获得这笔钱；那些不愿看到张伯伦上场的人不需要放弃任何

---

[1] 威尔特·张伯伦（1936—1999），前美国职业篮球运动员，被认为是 NBA 历史上具有统治力的球员之一。——译者注

[2] 如果像我一样，你会发现难以置信的假设，即篮球可以是娱乐，是替代另一种娱乐的运动。

东西，而且在赛季开始前，他们的表现都很好。诺齐克认为，没有人有理由抱怨：

> 如果人们有权处置他们获得的资源，难道这不包括将资源不断给予或与威尔特·张伯伦进行交换的权利吗？其他人能以正义的理由抱怨吗？……在某人将某些东西转让给威尔特·张伯伦之后，第三方仍然拥有合法分成；他们的分成并没有变化。在两个人之间这样的转移，对转让部分产生了一个分配正义的合法权利，在转让前，第三方对他人的任何持有都不存在正当的主张吗？（诺齐克，1974：161–2）

但是要想恢复一种模式就需要强制再分配。模式为了其稳定性需要强制，这违反了对侵占的禁令。但是“从他们的每项选择到每种被选择”的原则要求没有被强制，而且这与禁止侵犯他人的原则是并存的。

诺齐克的第二个例子关注两个人的对比，其中一人喜欢观看日落，而另一人只有通过看电影才能达到相同的满意度或兴奋点。日落观看者无须花钱便可达到他的目的，他只要在适当的天气条件下保持清醒和视力。但电影爱好者为了同样的满足感需要付出劳动以挣到钱。假如电影票价值 8 美元，电影爱好者工作一小时的报酬也是 8 美元。没有税收的话，电影爱好者需要工作一小时以获得电影票的价值，但如果税率是 25 美分，那么为了赚到 8 美元，电影爱好者就必须比一小时多工作 15 分钟：也就是说要比在没有强制征税的情况下多工作 15 分钟。但是日落观察者没有额外的压力：他依然能够免费地实现其满足感。

为什么我们要将需要某些物质或服务才能得到幸福的人与那些不需要这些物质条件来满足使他幸福的喜好与欲望的人区别开来？为什么更喜欢看电影的人（而且需要为电影票去挣钱）应该向需要帮助的人敞开心扉，去帮助那些需要帮助的人，而更喜欢看日落的人（而且因此不需要挣额外的钱）无须这样？事实上，重新分配者选择忽略那些无须额外劳动就能轻易获得快乐的人，同时却给那些为了自身的快乐而不幸需要工作的人增加了额外的负担，这不令人感到奇怪吗？（诺齐克，1974：170）

这种比较应该支持这样一种说法，即税收“和强制劳动一样”，也就是说，和适度的奴隶制度一样。（诺齐克，1974：169）

威尔特·张伯伦的例子应该证明多重双边交易必然会导致不平等的结果，从市场分配的结果中重新分配将需要对相关代理人的发展进行“持续干预”（诺齐克，1974：163）。为了维持一种模式（不管是平等，机会均等，最大限度还是其他预定目标），政府必须监控所有经济活动，并且通过干预防止代理人目标的失败。电影爱好者的例子应该是建立在这种直觉之上，并且说明再分配是如何折磨纳税人的：为了实现他们的目的，必须被强制去做更多的工作。

人们付费看威尔特·张伯伦的球赛一年之后的再分配有什么不对呢？诺齐克通过让球迷把给张伯伦的25美分的钱放在一个单独的盒子里以强调交易的透明性质，而且交易显然是自愿的。那些不去看张伯伦的人并没有变得更糟，因此，没有任何不同意的人的情况会因交易而恶化。什么是令人反感的呢？

尽管，没有人因交易而情况明显恶化。第三方经常受到双边交易的影响，而且有理由判断其他不同意的人的情况将以多种方式变得更糟。第一，不平等将影响不平等社会中的每个人。举例而言，处于同样的物质水平，不平等社会中的人的健康指数要比生活在更平等社会中的人健康指数低（威尔金森，1996）。与在一个更平等的社会中拥有同样的财富的人相比，在其他条件相若的情况下，受到不平等对待的人可能会丧失其社会地位，这会让情况变得更糟。第二，财富影响人的政治力量。在诺齐克的故事出现不平等之前，没有人比其他人掌握影响政治结果的更多的财富。在不平等出现之后，张伯伦有更多财富，而且突然地比第三方更有力量（潜在地），第三方在经济上没有比以前更糟，但突然在政治上可能更糟。第三，尽管非篮球迷们很有钱,但也许有一些商品他们不太可能负担得起（这样他们的钱对他们来说就更不值钱了）。有些商品是绝对稀缺的，因此，假设需求不变，要想买到这些商品就必须比其他人有更多的钱。例如，只有有限的人口能够在佛蒙特州的未被破坏的环境里拥有第二套住房。如果这个人数超过了一定限度，那么未被破坏的环境就会受到损害，那么就没有人能够再拥有一套四周环境良好的房子了。一旦一个更加富有的阶层出现，这个阶层的成员就能排挤之前能够买得起该商品的其他人，尽管他们的财富并不比之前少。

最后，许多非自愿的其他人的前景因不平等的出现而受影响：即那些所有参与到经济活动中的人的孩子。威尔特·张伯伦的孩子有获得更高级的教育的机会，而且比篮球迷或非篮球迷的孩子得到更多遗产，同时更有可能购买到被社会认可不平等分配的商品。如果下一代的机会均等很重要，那么至少有理由考虑交易结果存在的一些问题。

因此，有诸多理由认为交易结果可能存在部分缺陷。这些理由可能会被推翻，像诺齐克所说，如果需要税收来矫正它们——也就是说，为了补偿交易结果对他人所产生的不良后果——需要对经济主体的生活进行持续干预。诺齐克指出，“没有任何正义的最终状态的原则或者分配的模式化原则能够在不连续干扰人们的生活的情况下持续地发挥作用”（诺齐克，1974：163）。这是真的吗？毫无疑问，如果目标是确保没有人比任何人拥有更多的资源，那么政府将有大量工作要做。它必须强制禁止所有使一些人的境况比其他人更好的交易发生，这将是一项艰巨的任务，同时也是一项高度干预人们生活的措施。但是这种反对意见只针对那些主张绝对平等的理论。正如我们所看到的，大多数平等主义理论都不是这样的：它们允许资源的显著的不平等持续存在，并且对政府干预人们日常生活的成本很警惕。因为平等主义者优先考虑基本自由，他们会直接排除那些侵犯这些自由的再分配机制。但是适用于当代资本主义社会的标准的制度——税收福利制度不被认为是对人们日常生活的侵犯。从工资支票中取出钱，并在财政年度结束时填写一份表格。提高边际税率会增加税收的范围，但不会增加对人们的生活的干扰。还记得我们对弗里德曼的讨论，即维护私有财产权本身就意味着政府要有强制机器。税收政策并不比维护私有财产的安全更强制，而且更加不干涉人们对自己生活理想的追求。

但是，“税收是与强迫劳动相比肩的”（诺齐克，1974:169），就如电影爱好者的例子所揭示的那样吗？即使税收不是如此，也不被认为是对个人生活的深度侵犯，但认为它在道德意义上贴近于强制劳动，这也是一种毁灭性的指责。但我认为这种指责是可以被解除的。首先，考虑一下日落观看者与电影爱好者之间的一项主要的不同。日落观看者的满足来自自然，来自没有任何人力的自然现象。相反，电影爱好者参与到了社会之中。他获得满足的电影是被才华横溢的技术人员、演员、艺术家、作家和制片人所制作的，他们的才能部分的是通过社会投资体系（学校，家庭等）来开发的，这些经济的或非经济的社会主体都会对复杂的激励机制做出反应。日落爱好者的喜好的确是免费的；电影爱好者深度依赖他人。税收可以合理地被看作是对维持社会系统的一种贡献，能够继续生产使人类获得满足的商品。

不管这是不是真的，我认为把电影爱好者视为被强迫（或者以一种等同于被强迫的方式）工作是错误的。电影爱好者有一系列满足感的来源，其中许多是免费的：例如随心所想地观看日落。他不是被强制去看电影的：那些是他的需求，他需要付出劳动来获得。诺齐克没有否认这一点，但是诺齐克认为税收强迫他工作更长的时间。当然，如果社会中其他人不被征税，那么可以认为电影爱好者是被强制劳动的。但是诺齐克并不是在为这个特定的人是在被迫工作的说法辩护，而是认为所有被征税的人都在被迫工作更长的时间，诺齐克认为如果没有税收，他们就能以更短的时间获得相同的回报。但是没有理由相信这个判断。我们靠劳动得到的回报并非只取决于我们有多努力和我们有多少才华，而且受自然的与社会的环境决定。

谁知道如果没有人被征税，他们的劳动会得到什么回报？想象一下与现实相反的情况，想象一种离我们现在的世界非常遥远的世界。也许在那个世界里，人们工作的环境没有基础设施，人们的劳动只够让他维持生计。也许并非如此：在我们对诺齐克的主张有任何信心之前，我们需要比他提供更多的信息。

结论

把讨论重点放在自由和权利上似乎并不是一种很有效的反对再分配的路径。但诺齐克和弗里德曼明确阐述了对政府经常侵害正义的担忧。自由意志主义者警告我们注意一个严重的实际问题，这就是如何最好地设计宪法来确保政府被赋予的权力被用来实现正义而不会被用来做不公正或其他的坏事。对于弗里德曼对非资本主义国家过度侵害自由的悲观，我表示怀疑。我认为，出于对设计政府来实现正义的过程中所存在的困难的理解，正义问题的理论家至少应该放弃对自由主义再分配理论的批判。

第六章　正义和社群

在前面的章节中，我已经设想了我称之为道德的个人主义，即个人是道德关怀的唯一终极目标。我们研究的所有理论家都只关心个人得到其应得的资源、机会和自由。所有理论家都谈论权利，而且是个人权利：保护个人权益，无论国家还是其他个人的侵犯都不正当。

但是有些人声称，他们所遭受的不公正不能等同于对个人权利的侵犯。有些不公正是对所有人的不公正，或对社群的不公正。例如，美国施行的奴隶制度，的确侵害了奴隶对自身的所有权，但不能等同于对作为一个整体的社群的侵害。在本章中，我想以两种方式证明特定群体也拥有权利，而且妨碍这种权利构成了不公正。这两种方式都是从同一个前提开始的，即最终目的是那些个体，但是这两种方式在论证策略和论证的群体基础性权利的类型方面有所不同。

金里卡的族群差异权利的自由理论

威尔·金里卡根据社群主义的批评，已经提出了一种具有很大影响力的自由理论的修正版，主张自由主义理论的人应该认识到这一点：尽管个人是最终目的，但他们不是唯一拥有权利的主体。事实上，他认为罗尔斯一类的自由平等主义者应当支持他所谓的族群差异权利（group-differentiated rights）[1]。在本章的其余部分，我将概述他的论点及其影响，然后考查一些回应他的论点的观点。

他的中心论点分为两层：第一，金里卡认为文化共同体的成员身份应当视为一种基本善（在罗尔斯主义者的观念中，这是任何理性的人无论如何都想要的善），作为一种基本善，它提供了一些特别的文化权利和保护，这与一些标准的自由权利相冲突并颠覆了它们。

论点的第一层通过与罗尔斯对自由原则的论证进行类比而展开（见第 61—65 页）。罗尔斯将自尊视为一种善，这对于我们对善这一概念的理解能力非常重要，而不管善是什么。但我们只有有了自尊和自信，对善的理解才会随之而来，如果我们明了善的概念，我们就能够识别善。反过来，这就要求我们享受那些条件，它们能够使我们实际地形成和修改我们关于如何生活的信念。对形成和修改我们关于善这一概念的理解能力的兴趣支持自由原则，尤其是支持坚定地保障言论自由、结社自由和信仰自由。

---

[1] 20 世纪后半期，西方国家的少数族群权利运动成为一个重要的时代主题。这些国家中的少数族群公民不仅要求享有作为国家一般公民所享有的普遍权利，而且要求获得作为少数族群成员所应享有的特殊权利。美国印第安原住民的自治诉求、阿米什（Amish）教派的特殊教育主张、加拿大魁北克法裔社群的文化自主性诉求等，都对其所在国构成不小的冲击，迫使这些国家在少数族群治理的立法和政策上做出调整和回应。一些自由主义理论家试图通过修正自由主义的正义原则并赋予少数族群普遍人权以外的特殊权利来回应实践与理论层面的挑战。金里卡是其中的代表人物，“族群差异权利”是金里卡多元文化自由主义的关键词。参见李海平：《少数族群差异权利的证成——金里卡的多元文化自由主义》，《学术研究》，2012 年第 1 期。——译者注

但金里卡进一步认为，形成和修改我们对善这一概念的理解能力不仅仅取决于我们自身的能力和对自由的保障。它还依赖文化背景和我们能够在其中真实地发展我们的信念的智识系统（intellectual institutions）。我们不会自发地形成关于良善生活的观念，我们审查、修正、汲取并接受周围的观念。换言之，文化背景提供了“选择背景”（context of choice），没有它，形成和修正我们关于善的观念的自由就是空洞的，在这个意义上，它不能为自己提供有益的证明。因此，文化结构提供的选择背景对于自尊是非常必要的（金里卡，1989：166；1995：82—84）。所以，文化结构中的成员身份是一种基本善，它对成员的保护与自由原则保护一些基本自由的方式非常相似。

很重要的一点是，这个论点对于传统的自由主义来说是正确的，因为它形式上完全是个人主义的。它不主张集体利益高于个人利益，也不认为个人有义务将自己的利益屈从于他或她所属的群体的利益。在某种强烈的意识中，群体成员被认为是道德任意的。相反，金里卡强调文化选择背景对每个个体“追求其美好生活的基本利益”的重要性（金里卡，1989：165）。自治权就非常强烈地被理解为对文化成员重要利益的保障。

仅仅是文化成员资格对人们有益处的事实不足以证明任何特别权利的合理性。金里卡论点的第二层试图证实文化成员资格的确能够带来特别权利或提供保障，而且当它们与标准的自由权利相冲突时，它们有时具有优先性。该论点是这样的：

· 对于自由主义者来说，每个共同体成员的利益都是平等的（金里卡，1989：182—183）。

· 平等主义的政治和经济秩序（宪政民主和有限的市场经济）通常支持它们将每个人的利益平等地计算在内的公平结果（金里卡，1989：183）。

· 但是小型的文化共同体可以在市场中胜出并且在多数民主国家中投票通过，作为文化共同体，这些对于它们的生存是至关重要的问题（金里卡，1989：183）。[1]它们可以在市场中胜出是因为与大众文化生产相关的重要的规模经济效益，还因为有强大的吸引力促使文化创造者为广大观众而努力。除了分销成本之外，制作一部好莱坞大片要花费1亿美元：在斯洛文尼亚或威尔士，这样的电影会收回成本简直是难以置信的，因为只有少数斯洛文尼亚人或威尔士人会观看这部电影。同样的，如果一个流行歌唱团体想要赚很多钱，甚或想让它的作品被广大观众理解和欣赏，它将避免用仅仅几十万人掌握的语言来写歌。[2]

· 平等的自由理论支持基于不平等环境的主张，而非基于不同选择的主张。所以，任何特别的权利主张都必须基于前者而不是后者（金里卡，1989：185—186）。

---

❶ 也可参见金里卡（1995：109），他在这里说：[少数族群]的社会文化的生存能力可能被多数人的经济和政治决策削弱。他们可能会在资源和政策方面被排除或被否决，而这些资源和政策对他们的社会文化的生存至关重要。多数人族群的成员不会面临这个问题。考虑到文化成员身份的重要性，这是一种显著的不平等，如果得不到解决，就会变成严重的不公正。

❷ 事实上，有一个著名的威尔士流行团体，名叫“超多毛动物合唱团”（译注：1993年成立于威尔士的一个乐队），他们偶尔会自觉地制作威尔士语专辑。这些专辑不是它最受欢迎的专辑。

· 但是原住民的特殊权利主张可以建立在不平等的环境中，因为周围文化的选择使得土著语言的存在在某种程度上变得脆弱，而这不是相互影响的（金里卡，1989：187）。

因此，根据金里卡的说法，自由原则要求个人在不平等的环境中得到补偿，这就证明了对族群权利的认可超过了族群文化。

评价金里卡的论点有一个困难，那就是他的论点可能被认为适用于明显的现实世界的案例，潜在的族群权利的接受者是那些目前生活在过去违反了（涉及非群体）正义的自由原则的不公正结果中的人。例如，在过去的几个世纪里，美国印第安人受到种族灭绝政策的影响；在他们的记忆中，美国白人的法律令他们实行种族隔离，因此无法进行融合；作为独立的民族，他们已经与美利坚合众国签订了强制条约，但后者违约了。[1] 的确，所有这些罪恶都是针对个人的，他们中的大多数已经不在世了（即使对他们做出的错误行为并没有杀死他们，他们也不会活到现在）。但是很难相信，美国印第安人的高酗酒比率、低水平的教育成就、低预期寿命和低预期收入与这些错误行为完全无关。当代美国印第安人生活在当前的不公正中，这是过去违反自由公正的结果。作为一种矫正的正义，许多自由主义者会说族群差异权利在道德上是可以接受的（尽管他们可能会争辩这样的权利在解决这些不公正的问题上是无效的，因此应该拒绝，但是仅仅因为它们是无效的，而不是因为它们原则上违反了自由准则）。举个例子，大多数支持平权运动的人都接受这种观点（见

---

[1] 为了简明起见，如果感到震惊，对于其中的一些错误，请参见斯特巴（1996）。

德沃金，1985：14—15）。

金里卡强调少数族群在宪政民主程序中被多数票压制的可能性，这可能表明事实上他并不是那样背离主流的自由主义观点。他说，少数族群可能"在关系到作为一个文化共同体的存在的重要问题上被多数票压制"，而且他给出的例子是"至关重要的政治决策（例如，将使用什么语言，或者公共工程项目将与原住民的工作模式相一致还是相冲突）"（金里卡，1989：183）。但是，很难相信这些例子会频繁地危害到文化的存续，除非它们本身就是对标准的自由主义不公正的侵犯，或者文化已经因为过去对自由公正的侵犯而变得脆弱。例如，剥夺用母语进行审判的权利将会侵犯正当程序权利，而禁止他们用自己的母语说话会侵犯言论自由的权利。工作模式对文化的特性来说并不是必不可少的，而在一种强大的文化中具有多种经济机会的成员能够适应新的工作模式（也许很遗憾，基督徒在资本主义的发展过程中改变了他们对安息日的态度）。一种被不违反标准自由公正的工作模式相关的决策所威胁的文化已经处于危险状态，这在我们的世界通常要归因于前文所描述的那段历史。

但是，金里卡并不是仅仅将族群差异权利作为矫正正义的事物。即使侵犯标准的个人权利的行为在过去没有发生，他仍认为，族群差异权利是正义持续实现的条件。

他在失事船的例子中很清楚地说明了这一点，并修改了罗纳德·德沃金最初的拍卖（initial auction），我需要引用很长一段：[1]

[1] 对于德沃金的最初的拍卖的说法，参见德沃金（1981）。

> 一艘很大的船和一艘非常小的船在一个岛屿上失事，为了确保拍卖顺利，人们在不离开船的情况下，利用船上的计算机进行投标……拍卖结果是两艘船的乘客在生活方式的选择分布上非常相似……最后，所有的资源都被投标，但是当他们上岸时，他们第一次发现，由于使用了一种通用的计算机语言，这两艘船是不同国籍的事实被忽略了。假设合理地说，他们的资源是均匀分布在岛上的，他们将被迫尝试在一种陌生的文化中践行他们所选择的生存方式，例如在他们的工作中，以及国家上层建筑建立之时，在法庭、学校和立法院中等。（金里卡，1989：188）[1]

少数族群的成员所面临的劣势是，人口多的族群的成员“是在特定的环境中，即在他们自己的文化共同体内拥有和利用他们的资源”（金里卡，1989：188），而少数族群必须在其他族群的文化共同体内使用他们的资源。如果没有其他特别措施来保护少数族群的文化，他们将不得不购买并定居在岛上的隔离区域以保护其文化共同体，这种额外的“成本，人数多的族群成员并不承担，但这并不能反映出他们对美好生活存在不同选择（或者有关文化成员身份的重要性）”（金里卡，1989：189）。

这里没有标准的自由主义的不公正历史需要纠正。这个思想实验应该表明，特殊措施能被证实不仅适用于矫正的目的，而且它们本身可以作为正义所要求的措施，特别是标准的自由平等观念所要

[1] 对于我在这里讨论的主要论点的不太正式的翻译，请参阅金里卡（1995：108—115）。

求的措施。

值得注意的是，对于金里卡而言，一个安全的文化选择环境的概念明显是一个阈值概念。如果少数族群的文化是安全的，那就没有再分配的理由了，即使在少数族群文化上投入的资源比主流文化要少。安全是我们需要的。保护一种文化需要多少钱取决于环境，包括从接触到少数族群文化的其他文化的拥护者中吸引支持者的能力。

金里卡会从两个主要方面受到批评。一些理论家认为，尽管他提倡社群权利，但他仍然没有深刻地认识到人们是由他们的共同体塑造的。另一方面是理论家们认为，至于从文化成员身份的不平等中产生的错误，标准的个人权利足以应对。

第一种批评是怎样的？不像我们之前讨论过的其他正义理论家，金里卡明确指出文化资源在促进个体蓬勃发展中扮演着至关重要的角色，因此他相信当一种文化受到威胁时，它需要那些需要文化资源的个人提供支持。然而，和其他自由主义者一样，他相信如果个人从中获得认可的话，这些资源只会对个人的繁荣发展有所贡献，可以说，她要过她的生活以及他所声称的个人利益是社群权利的正当理由。因此，尽管金里卡比其他自由主义者对文化之于繁荣的贡献更加敏感，并且主张不同政策效果，但金里卡与他们在深层的个人主义上，以及我们的共同体对我们并没有特别的要求这一观念上是内在一致的，更不用说共同体塑造了我们。

第二，金里卡论点的第一层存在一个困境：文化选择环境对于个人自治而言是必要的。这一论断似乎是正确的，但部分问题在于，社会中缺乏文化选择环境，结果将会怎样是不清楚的。[1] 最极端的情况是，只会说一种语言的个体移居到外国文化中使用外国的语言。她生活的文化环境为她的选择设定了背景。她自己的文化为她提供了内生性的个体资源。当然，这种文化不再被她的日常经验所强化，但是一种新的文化确实与她自己的文化相互作用，为她的选择赋予意义和内容。

我并不是要低估我所描述的那个人所面临的极端困境，当然，她面临着一系列劣势，除了最强健、最开朗的人，期待其他人处理好这些困境是完全不合理的。但重点是即使在这个例子当中，这个人是否缺乏文化选择环境是不清晰的。如果她不缺乏文化选择环境，那么缺乏文化选择环境意味着什么就是不清楚的。

假设缺乏文化选择环境的想法是有道理的。金里卡关于族群差异权利的论点的主要困境来自于这样的事实，即制度设计对文化的再生产具有动态的影响。只要我们考虑到文化只对登陆小岛的成年人是静态的和有意义的，失事船事件似乎就是合理的。但是设立特别权利将会影响两种文化如何发展，两种文化之间的关系如何发展，以及失事船幸存者的孩子们将选择哪种文化。假设一套旨在保护少数族群文化的特殊权利得以实施并获得成功，幸存者们将能在他们的原始文化中过自己的生活。但是，这种权利也可以通过将幸存者的孩子引向他们的文化来人为地支持这种文化。最明显的例子是特殊语言权利，比如说，允许父母把他们的孩子送到所有的课程均用

---

[1] 可能有些人缺乏选择的文化背景：最明显的例子是野孩子（在野外长大的孩子）。但是，除了找到他们，并让他们回归社会，我们不知道还能做什么。

少数族群语言教授的学校里，通过公共基金支付使用少数族群语言的电视和广播服务。如果孩子们不像其他孩子一样学习大多数人使用的语言，那么成年后他们将很难进入主流文化。但假设多数经济体包含的机会比少数经济体更加多样化，少数族群的孩子比人口多的族群的孩子能获得的经济机会就更少。孩子的平等机会受到父母的文化认同的影响。

为了生动地说明这个问题，我们举一个稍加改动的真实例子。今天，即使在威尔士，威尔士语也是少数人的语言。但情况并非一贯如此。150 年前，威尔士绝大多数居民都说威尔士语，他们中的大多数都是只用一种语言的人。然而，即使在当时，与使用英语的人数相比，使用威尔士语的总人数也很少。事实上，威尔士人被相对温和的违反自由正义的行为强制接受了英语，在学校和法庭上禁止使用威尔士语，通过设立扭曲的激励机制令父母强制他们的孩子学习英语。但是，假设与实际情况相反，没有这样的侵犯自由正义的行为发生，这种特殊的语言权利就已经在 19 世纪晚期得到了承认。许多当下成长起来的只说英语或同时使用英语和威尔士语的年轻人将成长为只会说威尔士语的人。与使用英语的人相比，他们在文化和物质方面的机会将少很多。他们实际接触到不同范围的潜在人生伴侣的机会也要少得多，更难以掌握丰富的文学、戏剧、学术和通俗文化，广泛而多样的高薪和有价值的就业机会也会更少。简而言之，温和地违反自由正义的行为使得这些人的境况比在享有金里卡所建议的特殊权利的境况要好得多。

金里卡明白自由正义的其他要求有时会与他所建议的特殊文化

权利相冲突（金里卡，1989：194—197）。他重视自由个体的自由权利，它能够保护个人对幸福生活的观念做出理性反思和调整的能力，而这些是过上幸福生活的先决条件："自由主义者可以且应当支持能够促进群体间公平的，确定的外部保护措施，但应拒绝对群体成员质疑和修改传统权威及做法的权利的内部限制措施"（金里卡，1995:37;也可参见 1989:81—82）。但是除此之外，对于金里卡来说，没有理由认为标准的自由主义的要求总是，甚至通常优先于他的平等论点所证明的特殊权利。

这里存在两个问题。第一，我们修正行为和质疑权威的能力关键取决于还有什么其他机会适合我们。如果我能够现实地选择退出 A 文化进入 B 文化，这不仅为我在 A 文化之外提供了另外的选择，而且通常为我在 A 文化之内提供了更多样的选择范围，传统权威更有动力屈从于我的修改要求，以使我留在 A 文化中。不同文化边界的渗透程度影响他们的内部情况，包括文化成员受到限制的程度。这个事实调和了金里卡在内部限制措施（旨在保护一种文化不受其成员的顽固选择的侵害）和外部保护措施（旨在保护这种文化不受非成员选择的侵害）之间的关键差别。如果我们有条件理性地运用我们的能力来重新考虑和修正我们对幸福的观念，那就支持了文化成员的利益，也支持了存在于我们的文化和其他文化之间的渗透性界限的利益。但是，边界的渗透性将受到许多特殊权利的限制，特别是语言权利。例如，如果特殊的群体语言权利导致更多的儿童成长为少数民族语言的单语者，特别是少数民族文化本身是不自由的，这将限制他们的退出机会，从而限制他们为了自身利益重塑他们的家庭文化的能力。

第二个问题是，许多孩子的未来将会受到族群差异权利的影响，就像他们的父母一样，他们已经接受了标准的自由主义的不公正结果。大多数情况下，在金里卡重点讨论的美国、澳大利亚和其他国家中，他们所面临的自由主义的不公正行为并不主要是对自由权利（这些自由权利保护他们选择过什么样的生活的能力，并且保护他们有能力改变个人选择的内在利益）的侵害，它们是不平等的资源和不平等的物质机遇等方面的不公正。如果这些不平等不仅得不到纠正，还因特殊权利而加剧，那么这些特殊权利就应该受到相当大的质疑。以美国印第安人为例，他们居住的社区土地和房屋禁止销售给非部落血统的人。该措施极大地限制了这些房屋和土地的潜在市场，从而人为地减少了美国印第安人实际的和潜在的财富，这已低于正义的要求。一些威尔士地方议会正在施压，要求对第二套住房进行双重征税，这对那些想要搬迁的房主的财富有更小但相似的影响。

马格利特与哈尔伯塔尔的个人中心论

艾维沙伊·马格利特（Avishai Margalit）[1]和摩西·哈尔伯塔尔（Moshe Halbertal）[2]对金里卡的论点有所改进，该论点原则上支持一

---

❶ 艾维沙伊·马格利特（1939— ），以色列耶路撒冷希伯来大学荣誉哲学教授，从2006年至2011年，他以乔治·F.凯南教授的身份任教于普林斯顿高等研究院。——译者注

❷ 摩西·哈尔伯塔尔（1958— ），著名以色列哲学家、教授、作家，并且是研究迈蒙尼德（Maimonides）的著名专家。他是《以色列军队道德规范》的作者之一。——译者注

组与社群相关的政策，这些政策更经得起社群主义者的检验。与金里卡一样，他们从个人利益出发，并在此基础上为族群权利辩护。但是，他们在将个体利益概念化的权重方面比金里卡赋予特殊群体的更多。他们从所谓的“人格认同”（personality identity）的重要性开始，这抓住了人类学个体概念的重点：“同样的人可以经历彻底的人格改变，但仍然是同一个人，而反过来则不是这样。文化在塑造个体的人格方面扮演了至关重要的角色，尤其是在个体和个体环境将文化视为构成他们人格认同的核心的那些方面。”（马格利特和哈尔伯塔尔，1994：501—502）因此，个体在保存那些保证他们的人格认同的安全性的条件方面，有道德上的强大利益。但是，文化环境在维持这种稳定性方面起着至关重要的作用。如果文化发生了剧烈变化，或者是个体丧失了他们习惯的文化环境，他们的人格认同将受到威胁并变得不安全。因此，马格利特和哈尔伯塔尔认为个体对他们自己的文化享有权利。

很明显，对自己的文化享有权利可以支持他们要求更广泛的政府作为，而不仅仅是自由主义传统所要求的政府不作为（benign neglect）。马格利特和哈尔伯塔尔界定了文化权利的两个层级，并且声称他们的主要目标是论证第三个层级。

第一层级是“在更广泛的社会中保持一种全面的生活方式而不受干扰”（马格利特和哈尔伯塔尔，1994：497）。这是传统的自由主义对政府在文化领域的不作为的立场：政府不会刻意干预个人（不管是单独的，还是与他人一起）追求他们的文化目标的能力，除非政府努力实施的其他活动有着不可避免的副作用（例如，保护他人的权利，或进行强制性征税)。第二层级增加了“社会大众认可社群的生活方式的权利”(马格利特和哈尔伯塔尔，1994：498)。这项权利并不要求政府比第一个层级做得更多，而是号召社会中的其他人以他们的文化成员身份为基础，不轻视和蔑视其他社群的文化。第三层级是最为苛刻的，增加了“政府机构支持社群的生活方式以促进文化繁荣发展的权利”(马格利特和哈尔伯塔尔，1994：498)。

第三层级的支持包括对社群文化处于安全状态的成员资源进行再分配，以保障不安全社群文化的潜在资源的稳定性：“在极端正统文化的例子中，这意味着对《律法书》的研究机构和学者的财政支持,这是文化繁荣的一个至关重要的条件”(马格利特和哈尔伯塔尔，1994：499)。一个国家的文化成员有权要求政府(因此可要求他们自己的成员和其他文化的成员)支持他们维持文化发展的活动。这意味着：如果某些人对他们自己的文化享有权利，那么他们对使其文化存续的必要资源也享有权利，但他们没有权力将这些资源用于其他任何目的(例如，参与不同的文化，或购买新汽车)。

上述观点与金里卡的观点有何不同？金里卡相信我们每个人都对文化享有权利，但是对我们生长于其中的文化(我们自己的文化)没有必要享有权利。因此，鉴于金里卡的观点暗示我们有时应当试着减少那些受另一种文化影响的个体的转变，以对文化的灾难性衰颓做出回应，马格利特和哈尔伯塔尔将更加重视维持衰颓的文化的重要性。此外，马格利特和哈尔伯塔尔对于这样的观点——有时我们应该保护社群，即使这样做会与这些社群成员的个人权利相冲突——是更加包容的。

马格利特和哈尔伯塔尔的观点有三条强烈的反对意见。前两条反对他们为社群权利的特别论证：人们极易适应文化的发展。第三条反对所有社群权利观，而且关注保护社群权利的个人实际成本，我将在第八章单独讨论。

马格利特和哈尔伯塔尔关于人们对自己文化享有权利的观点，其核心问题是文化的发展和人们的适应能力。先说第一点：文化的发展往往是文化实践所产生的意想不到的结果，以及没有人能够真正控制的物质条件发生变化的结果。1998 年的英国文化不同于 1958 年的英国文化，部分原因在于不同文化的成员融入了英国人的生活。然而，至少在任何细节上没有人能够预见文化将怎样变化。

但是政府对一种文化进行援助，如果是有效的，就必须有一些关于文化是怎样或应该怎样的图景作为指导。如果政府即将对少数族群文化进行援助，它将不可避免地影响文化的发展。效果通常是保守的：毕竟在马格利特和哈尔伯塔尔看来，目标是保存这种文化，而且因为文化的自然演化方向是很难估测的，所以政府将以当前的文化内涵为指导。但某种程度上，这种行为使文化的发展方向脱离了其成员的控制。此外，在任何文化中，对文化的真实内容都存在分歧。在为文化提供一个特殊的发展前景的时候，政府必须在这些分歧上选择立场。因此，它将强化一种特殊的文化愿景，这违背了该文化中某些成员的意愿。

这里值得注意的是，对某种特殊文化的物质和规范化支持常常是强制性的，而且经常是对这种文化成员的强制。马格利特和哈尔伯塔尔提出一些看似无害的措施，如资助《律法书》学术研究，但资金来自他方，通常来自强制性征税，而强制性征税通常会强加给东正教犹太人自己（和其他人）。

同样的，戴维·米勒（David Miller）[1] 也提倡对民族文化的支持，他常常认为“这（保护民族文化）可以通过引导而不是强制来实现：可以通过提供奖励来促使农民保护灌木篱墙；国内电影业可以从电影收入中得到补贴；重要的艺术品可以供国家收藏；等等”（米勒，1995：88）。但是，他所描述的机制是强制性的。当然，他们不会强迫农民和广播公司的老板；相反，他们强迫看电影的人和纳税人。即使是不直接重新分配资源的法规也会限制受保护文化的成员通过他们自己的劳作过他们的生活的自由，因此，这两种方式都是强制性的，也限制了文化本身的自由发展。一个著名的例子是魁北克的101法案（于1977年通过），除其他方面，它要求所有雇用50人以上的公司必须使用法语，所有商业和道路标志都必须只用法语，这限制了所有儿童接受英语教育的机会。这些措施当然会立刻影响到使用英语的公民的行为，但讲法语的公民也不能幸免：他们也必须把孩子送到法语学校，不管他们是否愿意；他们在经营活动中必须使用法语，不管他们是否愿意。

[1] 戴维·米勒，英国著名的政治理论家，多元正义论的重要代表人物，于1974年在牛津大学获得政治学博士学位，曾在英国兰卡斯特大学、东安杰里卡大学任教。1979年至今，担任牛津大学纳菲德学院及政治学与国际关系系教授，2002年被选为英国科学院院士。他的主要著作有《无政府主义》（1984）、《市场、国家与共同体：市场社会主义的理论基础》（1989）、《论民族性》（1997）、《社会正义原则》（1999）、《公民身份与民族认同》（2000）、《政治哲学与幸福的根基》（2003）等。参见戴维·米勒著：《民族责任与全球正义》，杨通进、李广博译，重庆：重庆出版社，2014年。——译者注

此外，人们的适应性很强。因为文化在发展变化，如果他们的人格认同是安全的，他们就必须适应。现实中有很多变化，有些是不幸的（失去配偶、父母、孩子、朋友），其他的好一些（失去工作，工作条件改变，工作变动带来的改变，搬迁），人们常常坚强地承受这一切。如果国家维持对文化的标准自由主义立场，那么我们所预见到的最坏情况是少数族群文化逐渐改变，甚至消失，这可能是一些人要克服的障碍，但认为人们会因此失去人格似乎是一种夸张的说法。当然，一种文化突然灾难性消失的例子是与此不同的。但在少数情况下，这种事会发生在自由民主国家（我无法想到一个具体实例），似乎有一个有说服力的例子，即政府应该为相关个人平稳过渡提供资源，就像政府试图人为地保存文化一样。

结论

通过强调两点，我对基于社群保护的理由提出了质疑。首先，文化很少真正受到自由制度的威胁，而且当它们受到威胁，通常是由这些文化成员的选择所致；因此，文化权利实际上是限制其他人做出选择的权利，根据定义，那些人是不认可他们自己的文化成员身份的人。其次，少数族群不是同种族的：他们包括多种少数民族，而且在基于社群的保护措施中受益的主要是少数族群中最有权力的人。

我发现反对马格利特和哈尔伯塔尔强烈支持社群保护措施的意见是引人注目的。金里卡的立场不那么苛刻，并且对我所讨论的反对意见更有批判力。他认为，原则上没有理由拒绝社群保护措施，只要这些措施的施行不危害个人自由，或者至少可以让个体得到的利益和个人自由可能蒙受的损失差不多。上文所提出的怀疑主义的反对意见并没有对多元正义原则的主张构成太多挑战，而是说，当没有更为规范地构想出违反自由正义的行为时，金里卡的条件就不会得到满足。

第七章　平权法案、机会平等和劳动的性别分工

尽管偶尔会讨论一些实际问题，但到目前为止，我的大部分注意力都集中在对公平竞争理论的解释以及对它们有利的论点的评估上。在这一章中，我们将着眼于上述理论如何处理一系列当代政治问题。还记得对反思平衡（reflective equilibrium）的讨论（第二章），它对评价这些理论如何妥善处理特定的案例或问题很重要。在一些问题上，我们的直觉是如此坚定，与它们产生冲突是反对一种理论极强有力的证据，然而对这个理论的抽象论证却显得一丝不苟。考虑一下奴隶制。对于我们大多数人来说，这是不需要讨论的：如果我们发现了一种所谓的正义理论，它在很多不同情况下都允许奴隶制存在，我们将发现它会失去直觉上的吸引力。当然，有一种普遍的道德共识反对奴隶制，所以我们对它的直觉被赋予极大权威就不足为奇了。但是，在一些有争议的问题中，我认为堕胎可能是很多人都觉得有争议的一个问题。许多反对和支持堕胎权的人将寻求理论介入对堕胎权的争论。如果想说明他们自己关于堕胎的观点，他们会自动找到该观点所需要的（理论）。

但是，正如反思平衡的方法所坚持的那样，我们对案例的直觉并不总是决定性的，而这可能是一种理论所具有的优点，尽管它在某个问题上与我们的直觉相违背，在某种程度上它解释了为什么我们的直觉是错误的，或者至少应该受到质疑。我将测试一下我们针对三个特定问题研究得出的理论。对于这些问题，我假设大多数读者会有自己的观点，但他们的直觉并不像他们看待奴隶制或（有可能）堕胎那样坚定。我的目的不是要告诉你们哪个理论能更好地处理一个给定的问题，而是要说明如何通过一种理论的视角来看待真正的社会问题，以及如何通过对问题的思考来引导对理论的反思。

第一个是平权法案[1]的问题。平权法案涵盖了一系列方法来补偿那些现在或者过去受到了不公正对待的人们。在美国，平权法案已经应用于种族、少数族群以及妇女问题。平权法案的最低要求是雇主和大学广泛发布其职位空缺信息，以确保目标群体的成员有可能注意到适合他们的机会。更高的要求是在决定是否雇佣或是否被大学录取时给予目标群体的成员足够的重视；最高的要求（非常罕见）是专为目标群体的成员设置配额，例如，进入课程的人至少有 10% 的非洲裔美国人，或至少有 40% 的女性。在美国的公共生活中，奇

[1] 平权法案，直译为“扶持行动”或“肯定性行动”，又称优惠性差别待遇、积极平权等，是指防止对“肤色、宗教、性别或民族出身”等少数群体或弱势群体歧视的一种手段，给予这些群体优待来消除歧视，从而达到平等。平权行动主要集中于就业、教育、工程承包和医疗方案，如入学的种族配额及选举的性别配额等，借此减少歧视及避免少数族群在就业和教育上受到不公平对待。但这种措施也时常引起逆向歧视等争议。“平权法案”一词最早是在美国使用。它出现在 1961 年 3 月 6 日美国总统约翰·肯尼迪签署的第 10925 号行政命令中，它是用来照顾少数族裔和弱势群体的优惠措施。——译者注

怪的是，平权法案的普遍理由并不是基于正义，而是将其作为一种公共的善。但最引人注目的理由是基于正义，而且我感兴趣的是我所描述的各种理论对平权法案所持的不同立场。

第二个问题与机会平等[1]和家庭有关。社会允许父母将其财富赠予他们的孩子，什么程度会遭到反对？奇怪的是，在美国只有0.5%的人口有足够的财富支付遗产税（一种针对去世后遗产价值超过一百万美元征收的税），而绝大多数参与民意调查的人都赞成废除遗产税。当被调查者被告知一些关于遗产税的简单事实时，这种情况是容易避免的；被征收遗产税的大部分财富是以前从未被征过税的资本收益；遗产税的起征点是一百万美元，并且包含很多免税额——许多人转而反对废除遗产税，但仍有许多人坚持反对遗产税。我的推测是相似的，但是更加严格，遗产税在其他民主国家享有更多的支持，但是大多数人认为有很多其他方式允许父母将财富给予他们的孩子，即使孩子们享有这些财富带来的优势是毫无意义的。我们是如何成长的（我们生在哪个家庭）不仅影响有多少钱是为我们花费的，我们继承了多少钱，还影响我们的才能是什么，它们是如何发展的，我们的努力方向，我们的教育机会和成就，以及我们对特定风险的态度。这些都反过来影响我们生活的幸福程度。罗尔斯的公平的机会均等原则要求在自由原则设定的优先范围内，才干相当和努力程度相当的人应该在资源和文化上有大致相似的前景。但现

[1] 机会平等，又称机会均等，是一种理想状态，是指在面对有利的时间情景中，每个人都有能力利用这种有利条件，并且在抓住这种条件的时候不存在先后，不受其他任何人为因素的影响。——译者注

存的富裕民主国家，公平的机会均等原则还远未实现。无论是以家庭收入水平还是以户主的职业类型来确定阶级，阶级出身仍然是预测阶级目标的有效因素。我们推测，一些引起机会不平等的机制是正义所允许的，但并非都是。当政府禁止父母用钱贿赂法官以使他们的女儿免受吸毒指控时，政府并没有做错；当一所大学拒绝一个不太合格的考生并因此失去了考生父亲的大笔捐款时，这所大学没有做错。当政府提供税收资助的义务教育，使所有的孩子至少拥有基本的读写能力和计算能力，而不考虑他们父母的能力和支付的意愿时，政府可能也没有做错。

最后一个问题涉及劳动的性别分工。在所有的国家，包括所有现存的成熟民主国家，劳动力市场具有性别方面的差异，而且家务劳动在男女之间也存在极大的不平等。男性在家庭以外的工作中获得的报酬更多，并且往往在报酬更高、名声更好的工作中占主导地位；最重要的是，即使妻子在家庭之外工作的时间更长，挣更多的钱，他们比妻子更少照顾孩子，更少做家务。在《第二次转变》(1989)中，社会学家阿莉·霍克希尔德（Arlie Hochschild）[1]发现，事实上在女性收入更高的家庭中，家务的分配更加不平等。那些决定暂时离开劳动力市场来照顾孩子的妇女不仅要牺牲她们那些年的收入，还要牺牲职业的和国家退休金以及获得晋升的机会，当然，她们以后的职业生涯还要受到没有工作那段时间暂停加薪的连锁影响。一位美

[1] 阿莉·霍克希尔德，社会学家，美国加州大学伯克利分校社会学教授，世界经济论坛客座讲师，曾获得美国社会学协会颁发的杰西·伯纳德奖等多个奖项。其作品已被翻译成16种语言。——译者注

国记者估计，她待在家里照顾婴儿期和蹒跚学步期的儿子，要付出超过 600000 美元的代价；相比之下，她丈夫的赚钱能力却与他有孩子之前完全一样。此外，还要考虑美国约有 50% 的婚姻因离婚而非一方死亡而告终，原因很容易理解，在女性为家务承担责任的环境中，离婚通常会使女性的生活水平大幅恶化，但几乎不会影响男性的生活水平。

当然，600000 美元的数字是社会性的估价。也就是说，不同的社会制度会导致不同的结果。一项强制有孩子的夫妇将他们所有的社会保障金和养老金集中起来的政策是可能的；制定一部有关离婚的法律是可行的，以便所有当事人的生活水平都受到同样的影响，直到最小的孩子达到成年年龄（即离婚夫妇在孩子成年之前必须集中其收入）。然而，即使是这样的政策，也无法克服由于夫妻共同选择谁来担任孩子小时候的看护者而对夫妻双方一生收入带来的不平等影响。一些欧洲国家（尤其是法国和瑞典）的政策在生活水平方面导致的不平等比美国要少得多，尽管只有瑞典在家务活分配上有明显的平等准则。其他可行的制度可能会加剧不平等：如果美国社会安全管理部门没有强制规定，离婚夫妇如果结婚超过 12 年，需要在婚姻存续期间集中他们的社会保障金，那么离婚后女性的情况会更糟，因此她们在婚姻中的境况就更加不平等了。

但问题是：正义是否要求政府去关注这些不平等，如果是这样的话，政府应该如何应对这些不平等？一些正义理论认为家庭内外的不平等都是不公正的；另一些则认为这些都不是不公正；还有其他理论反对家庭外的不平等，但不承认家庭内的不平等。应该说，在我们考虑的所有理论中，合理的解释是不平等对它们是否公正多少有一些影响。在多数情况下，如果劳动力市场上的不平等只是反映了男性和女性之间的自然差异，或者只是反映了男性和女性在机会平等面前做出的自主选择，那么这些情况不会被认为是不公正的。然而，在我们的世界里，这种解释并不可能，因为我们有足够的证据证明社会制度的设计和一些不那么具体的事务，如我们文化中的现行规范，影响着男性和女性的决定与选择，以及适合他们的机会。还有一点要说明的是，我们所考虑的大多数理论对我们可以做些什么来改变家里的劳动分工都是有原则限制的，即使它是不公正的。特别是大多数理论都承认某种形式的私人领域，也就是说，政府可能会采取一些限制措施来防止人们在如何生活方面根据自己的判断行事。即使我们意识到人们的选择受到社会规范和激励机制的影响，我们也有权强烈要求得到政府的尊重。特别是对家庭的强制性干预似乎也有问题。（想象一下，一项法律告诉人们，一年内家里的每个人清洁厕所的次数不得超过家里其他人的两倍）。但是，为了调整家庭的劳动分工而进行的干预，不应该深入家庭中去干涉人们想要的生活。例如，政府可以通过向男性提供更高的财政激励来影响其行为，而不是给女性提供育儿假期；或者，如果夫妻双方都能接受，那么给双方提供更多的带薪育儿假，而不是只对其中一人这样做。

平权法案

罗尔斯在理想理论和非理想理论之间进行了重要的区分。理想理论告诉我们,当所有群体完全服从正义的要求时,什么构成了正义。在非理想理论中我们需要思考，当并非每个人都服从正义的要求时，我们应该做什么。引发平权法案需要的条件（这是我们在这一章中思考其他问题的基础）很显然是非理想的。但是罗尔斯限制了他在理想假设上发展正义理论的决心，因此在非理想的情况下，他的理论的影响是值得注意的。考虑一下以下争论。公平的机会均等在美国显然是不存在的：美国黑人面临的前景比白人更糟，这并不是基于他们不太有天赋或者更不愿意去努力。但是平权法案涉及的措施侵犯了更有资格的白人的权利，这些权利是受自由原则保护的。由于在罗尔斯的正义论中自由原则享有优先权，因此正义论的一致应用将排除平权法案。忽略存在不违反自由原则的平权法案的可能性。即使平权法案必然违反自由原则，这种论点也不会通过，因为在像我们这样的非理想条件下，为了让社会更公正，违反自由原则的平权法案可能是被允许的。我们只是不知道而已。

所以，我说的任何情况都必须谨慎对待。但是我不认为自由原则对许多平权法案不利，因为基本自由权中不包括在雇佣劳工时对性别或种族成员身份进行歧视的权利，也不包括任何类似于最有资格被雇佣的权利，或最有资格被大学录取的权利。所以，即使平权法案看起来与自由原则相一致，更重要的是，罗尔斯的理论是一个整体，我们用平权法案来促进机会的公平均等，或者在美国这样的社会中更好地实现差异原则，在这样的社会中，种族是社会不公正的主要标志。但同样值得注意的是，根据这个理论，平权法案并没有任何特殊地位。与许多其他策略一样，它将被用以支持第二个正义原则的实现，例如，无论他们是不是弱势种族的成员，教育政策措施使弱势儿童受益。

在不给予平权法案任何特别地位方面，或将种族歧视视为机会不平等的来源方面，可行能力理论（capabilities approach）是非常相似的。很难知道它是如何评价平权法案的，部分原因是我们不清楚我们应该使用的分配规则是什么。所以，为了简单起见，我们假设正义要求我们将人们的能力设置为均等的。现在，森（Sen）特别注意到美国黑人和白人之间的不平等现象。他指出，83% 的美国白人男性活到 75 岁，而只有 67% 的美国黑人男性活到 75 岁，这个差距在美国黑人女性和白人女性之间仅仅轻微缩小（森，1999：22—23）。他还注意到这些不平等现象并不是自然的，而可以追溯到财富、生活条件、医疗条件、教育等方面的不平等。特别是相对于生活于其中的社会而言，贫困看起来是功能性剥夺（functioning deprivation）的主要原因，而且森认为，（贫困）也是能力性剥夺（capability deprivation）的主要原因。因此，这种可行能力理论似乎对平权法案非常有利。但这似乎错了。平权法案的合理性仅仅取决于它是否能让人们拥有更平等的能力。一些平权措施将会这样，但另一些不会，而且没有任何有利于平权法案的推定。特别是那些形式上的平权法案，比如允许进入法学院和医学院，常常使那些能力上已经更具优势的人直接获益，而不急于为最贫困的儿童的小学教育和医疗服务提供更多资源。可行能力理论主张优先消除贫困，无论谁遭受贫困，都不能使过去受到不公正对待的受害者的后代受益。

作为公平的正义和可行能力理论都着眼于机会不平等的模式，

并试图解决这些问题，而不管这些模式是如何产生的。所以，如果基于阶级考虑的补救措施对克服种族歧视的机会不平等问题比平权法案更有效，他们都会更喜欢那些补救措施。相比之下，恰如美国所实行的那样，诺齐克的理论给予了平权法案非常特殊的地位，消除贫困并不是诺齐克的目标；而纠正过去违反获取的正义原则和转让的正义原则的行为才是其目标。在现存的记忆中，奴隶制和美国南方各州实行的法律强制隔离都是对诺齐克转让的正义原则的直接和极端的侵犯。如果与没有这些侵权行为的应然情况相比，许多美国白人得到了更多的遗产，许多美国黑人得到了更少的遗产，那么你可以看到一个平权法案的实例是如何出现的，它作为一种矫正的方式不是为了消除贫困，而是为了矫正过去的那些侵权行为。许多平权法案使本来就有相对优势的人获益，这种反对平权法案的理由没有任何分量：对诺齐克来说，受益人已经富裕起来并不重要，只是他们正在因受到了不公正待遇而得到补偿。这种不公正不是奴隶制，因为今天平权法案的受益者都不是奴隶；如果他们的祖先不是奴隶或二等公民，那么他们得到的遗产就会比预期的少，这是不公平的。

一些反对平权法案的人指出，当代美国黑人的境况通常不会比他们没有奴隶制的情况更糟，当然，因为他们那时还没有出生，或者如果他们已经出生，他们会生在非洲，在那里他们明显不会比现在更好。第一个说法当然是正确的，正像是假如没有诺曼人入侵英国，读这本书的人可能根本不会存在一样（当然我当时也没有出生，所以不会写出这本书）。但是，如果我们以这些理由拒绝对过去违反转让的正义的行为采取平权法案，那么我们就不得不拒绝对奴隶制给予任何形式的补偿，甚至包括对废除奴隶制的那代人的下一代人，即使奴隶制是一种土著制度。想象一下，奴隶制在当代英国突然被采用，而格鲁姆家族几代都拥有奴隶。格鲁姆家族迫使他们的奴隶在几代人的时间里相互繁衍。在倒数第二代，他们突然给了奴隶的孩子自由，他们不被当作奴隶使用，因此他们也没有以自己曾是奴隶为由而要求补偿。然而，这些孩子要求对他们生为奴隶做出补偿，因为格鲁姆家族将这些孩子的祖先的劳动成果据为己有，而他们自己却无法继承这些劳动成果。格鲁姆家族的孩子能够非常轻松地说："但是，如果我们的父母没有奴隶，你现在的境况不会比那时更糟。你的存在归功于他们对奴隶的所有权。他们确实错误地违反了诺齐克的原则，并且我们从中受益。但我们不欠你什么。"我不认为我们找到了有说服力的反驳。但是格鲁姆家族的回应和我们正在考虑的平权法案反对者的回应之间的唯一区别是，错误发生以来的时间。

机会均等

罗尔斯赋予公平的机会均等原则优先地位，对此，他极为强大的理解方式表明其理论是作为一个整体来谴责单单源于家庭物质不平等的前景不平等。不过，正如我已经指出的，一些前景不平等可能是由家庭生活造成的，这些不平等产生于家庭活动时受到了自由优先原则的保护。尽管罗尔斯的确为思考这个问题提供了具有启发性的方法，但究竟受家庭价值保护的是什么还不清楚。他说，家庭是基本结构的一部分，在一个秩序井然的社会中，家庭成员作为社会一分子不能侵犯其他成员的基本自由。但是，我们当然“不希望将正义的政治原则直接适用于家庭内部生活”(《作为公平的正义》165)。因此，为了明确结社自由保护的是什么，他认为我们应当遵循一般程序，

> 区分人们作为公民的观点和他们作为家庭成员及其他协会成员的观点。作为公民，我们有理由强制实行由正义的政治原则对协会所规定的限制措施；但作为协会会员，我们有理由限制这些措施，从而为自由和繁荣的会内生活留出空间，以适应协会的要求。(《作为公平的正义》165)

这表明，我们应该努力弄清楚什么样的互动是家庭价值的深层组成部分，然后说，任何旨在促进机会平等的措施只有在为这种互动在我们的生活中留下足够的空间时才是允许的。根据亚当·斯威夫特（Adam Swift）所言，该策略支持这样的观点，即自由原则保护亲密互动，其附带效应是增强孩子的竞争优势，但它不建议赠予或留给孩子大量钱财，或者花钱供他们读昂贵的精英私立学校。当然，细节可能有争议，但策略是清晰的。

然而，即使该策略假定自由优先原则是一种非理想理论中的限制，但是没有理由假设罗尔斯这样想：因此，即使斯威夫特同意争取机会均等，该策略也允许更具侵入性。尽管如此，作为一种解决办法的平权法案的问题以及机会均等和家庭问题之间存在着重要的区别。平权法案提出的解决方案针对的问题是过去对自由正义的侵犯行为；该问题在理想理论中消失了。但家庭影响人们的生活前景

的问题在理想理论中并未消失；即使在一个绝对公平的社会中，我们能够期望这些机制运行，理想理论也不得不对它们说点什么。

正如可行能力理论没有给予过去违反正义行为的受害者特殊地位一样，可行能力理论也不关注能力不平等的具体根源。它认为家庭的价值在于它是人们生活繁荣的源头，而且开发一个人的能力所需的许多资源都是由家庭提供的。但它没有看到，例如，将其财富授予其孩子的能力，或者用它来给自己的孩子提供优于其他孩子的机会的能力，是一种充分发掘孩子能力的必要的家庭能力，或是一种实现成年人繁荣发展的家庭能力。因此，如同作为公平的正义，它赋予家庭特殊地位，但同样是作为公平的正义，它反对促进机会不均等的家庭趋向，并寻求方法减轻家庭安排的不平等影响，而不破坏家庭安排能力所带给参与者的繁荣发展。

诺齐克非常明确且毫不奇怪地拒绝任何理想化的机会均等。机会均等的核心问题是实现它的手段本质上会侵犯人们的基本权利：

> 有两种方法可以提供机会均等：通过直接恶化那些机会较好者的处境，或者改善那些机会较差者的处境。后者要求利用资源，所以也会涉及恶化一些人的处境：从他们那里取走一些持有物以改善他人处境，但对这些人拥有权利的持有物是不可以随便索取的，即使这是为其他人提供机会均等。（诺齐克，1974：235）

如果有人享有世界上更多的资源，根据权利理论，她有权享有这些资源，那她也有权根据自己的意愿随意处置这些资源；即使这意味着她的孩子会比其他人的孩子享有更多的机会，正义也会保护这种优势的代际传递。这并不要求：如果她愿意的话，她可以将她的财产赠予那些前景比她的孩子更糟的孩子们；她的孩子对她自愿转让的资源没有独立的索求权。但是，机会均等在这个理论中没有一席之地。诺齐克对机会均等的否定突出了其理论的一个特点。例如，罗尔斯的理论包括这些原则——自由原则、公平的机会均等原则、差异原则——有时它们相互冲突。从它们相互冲突的事实中，我们不能断定我们应该反对它们中的任何一条。当冲突出现时，我们只能寻找理由来优先考虑一个原则。在没有冲突的情况下，我们采用从属原则。但这是可能的，因为自由原则，例如只对应该做什么做出有限的评论：它要求保留某些自由，但这符合关于机会和收入分配的广泛规则。诺齐克的权利理论是一个整体。尽管它符合大范围的收入和机会分配，但它仅符合一条关于收入和机会分配的规则，这条规则明确要求：收入和机会分配必须由持有物的合法所有者的自由选择来决定。因此，任何从属的正义原则都没有存在的余地，当我们发现冲突时，我们必须拒绝冲突的原则。

诺齐克反对的正是机会均等理论，但社群权利理论家则不反对。然而，哈尔伯塔尔和马格利特支持的社群权利，以及金里卡重视的社群权利，都倾向于反对机会均等，特别是少数族群的孩子与多数人族群的孩子之间的机会均等。考虑一下语言权利。假设威尔士人有权使所有的学校都仅仅使用威尔士语，并且有权要求在所有公务中都使用威尔士语，其结果是出现少数威尔士语单语者。相较于英语使用者，正如我在前文所言，这个群体将在许多重要事务上丧失平等的机会：工作机会，阅读伟大文学作品的机会，一拨潜在婚姻伴侣等。当然，这是一个与特定家庭环境相关的机会不均等的例子：这种观点认为，无论威尔士语单语者的前景如何，处于同样不利境况的英语使用者的前景都是优越的。每个共同体内可能不存在机会不均等（以家庭为基础），人们仍然希望他们之间机会不均等。文化自由主义理论不反对优势的代际传递，但它们提出的权利易于在特定方面产生不平等。

劳动的性别分工

罗尔斯的理论是否同样谴责劳动的性别分工以及它所表现出来的男女之间不平等？一些女权主义评论家是这样认为的。特别是苏珊·莫勒·奥金（Susan Moller Okin）[1]，她认为经过适当的重新表述，作为公平的正义会对性别制度产生冲击。她指出公平的机会均等原则意味着“如果任何与我们现在的性别角色类似的角色或职位，包括丈夫和妻子、母亲和父亲，要在‘差异原则’‘公平的机会均等原则’的要求下继续存在，就不允许这些角色和性别之间存在任何联系”（奥金，1987：66—67）。她接着援引罗尔斯理论的三个方面，这三个方面说明其与性别制度的分歧。第一，自由原则作为一项基本自由保护重要的职业选择自由：“不难看出，这种自由受到假想和习惯性预

[1] 苏珊·莫勒·奥金（1946—2004），自由女权主义政治哲学家、作家，本科毕业于奥克兰大学，硕士毕业于牛津大学，博士毕业于哈佛大学。曾任斯坦福大学伦理学教授，编辑出版约翰·斯图尔特·穆勒的《妇女的屈从地位》（商务印书馆1995年版）。她的代表作包括《正义、性别和家庭》（中国政法大学出版社2017年版）、《女权主义》（1994）。——译者注

期的束缚，这是我们性别制度的核心，女性在家务和照顾孩子方面比男性承担更大的责任，而不管她们是否为家庭以外的工资工作”（奥金，1987：67）。第二，奥金认为，政治自由的公平价值要求“男性和女性享有平等的政治代表权，尤其他们是父母时，这显然与我们的性别制度存在分歧”（奥金，1987：68）。第三，罗尔斯说，处于原初立场的各方“愿意不惜任何代价避免破坏自尊的社会条件出现”，自尊“也许是所有基本物品中最重要的”（奥金 1987：68）。因此，

> 如果处于原初状态的人不知道他们是男性还是女性，他们肯定会关心在两性之间建立起社会和经济的完全平等，这种平等将使任何一方都不必奴性地迎合另一方的偏见……一般来说，他们不太可能容忍非对称地强迫或强烈鼓励一种性别的成员成为另一种性别的性对象的基本社会制度。（奥金，1987：88）.

我认为奥金对罗尔斯太慷慨了。奥金的理论确实谴责了直接由强制性制度设计引起的机会不平等。因此，该理论不仅禁止在雇佣和获得教育产品方面歧视女性，而且质疑在大多数经济体中女性所面临的工资差距。在雇佣时歧视女性，或者给予男性有同样能力的女性支付更少的工资，这样的基本自由并不存在。因此，在工作场所中，由各种歧视所引起的劳动的性别分工是受到谴责的。但是，到目前为止，它是由男性和女性选择如何组织他们的家庭安排引起的，罗尔斯的理论并不反对这种分工，即使这些选择受到“假想和习惯性预期”的影响。为什么会这样？因为至少以最自然的方式去解读罗尔斯的基本结构意味着什么时，性别歧视的文化氛围并不是

基本结构的一部分，因为它不是主要的强制性制度，而且正式的说法是，只有那些适用公正原则的制度（才能被接受）。

所以，考虑到奥金独特的论点，择业自由意味着必须向男女双方正式提供各种职业，在某种意义上，他们不能受到歧视或不平等待遇。但若出现一些情况，如女性选择不接受某些类型的工作，或者在工作中不积极，或者选择更加灵活但升职更困难的工作，这并不表明自由受到了侵犯，或受到了不平等对待。如果罗尔斯给予所有的自由以公平价值，那结果可能会不同，但他没有这样做，而且有充分的理由不这样做。

罗尔斯确实给政治自由赋予了公平价值，但事实上这并不要求男女有平等的代表权。它需要的是每个人都有平等参政的资源，而不考虑他们之间其他的不平等。但与此相一致的是，一些群体系统地投入到参政上的精力比其他群体少，因为他们不太感兴趣，或者因为其他相互竞争的个人承诺而拥有更少的时间。男性积累权力的方式不能使女性在平等的基础上融入他们，但是，如果因为女性较少融入，他们便在任何时候都拥有权力，这不会受到政治自由的公平价值的谴责。

细心的读者会注意到我很少谈及自尊及其社会基础，而奥金将此作为她的理论的第三个方面。这是因为罗尔斯认为自尊是一种极其重要的基本善，在这一点上奥金是对的，但在实践当中自尊独立于正义原则意味着什么，罗尔斯言之甚少。对此我坚信奥金是正确的，对自尊的社会基础的关注不仅会质疑性别歧视的正式结构，也会质疑影响我们选择的性别文化假设。但我对援引这一点为罗尔斯辩护没有信心。主要原因是:理论本身只包括适用于基本结构的正义原则。自尊的概念和它的社会基础是非常模糊的，如果它独立于正义理论本身而被引入，那么它可以支持许多不同的和相互冲突的完美主义措施。有人可能会说，不虔诚、不友好，或缺乏共同体，会抑制我们的自尊感，他们这样说是有充分理由的。这是否意味着我们应当反对我们的文化中支持上述现象的那些方面？我不认为罗尔斯也会这样说，因此我认为他会抵制奥金的观点。

我应该在这里明确，虽然我一直在正式批评奥金，但我认为我的评论确实支持对罗尔斯的批评。我认为奥金在这一点上是正确的，她认为性别制度是女性受到不公正待遇的来源（尽管性别制度也让很多男性的境况比没有性别制度时更糟）。在第八章，我将探索一种方法来重新解释罗尔斯对基本结构的描述，使其对奥金做出更有利的回应;事实上,我猜想她就是这样理解的。但至少现在我强调的是，他的理论并不像他想的那样服从于女权主义者的目标。

玛莎·努斯鲍姆是可行能力理论的主要捍卫者之一，她是一位著名的女权主义理论家，她已经将这种理论运用于女权主义理论目的。引人注目的是，该理论似乎不仅批评了那些由法律直接对人们的可行能力做出的限制，而且批判了那些由习俗和社会规范形成的限制。因此，鉴于罗尔斯的理论反对通过法律约束与经济激励来维持劳动的性别分工，不管怎样维持劳动的性别分工，可行能力理论也要反对它。即使法律允许女性在家庭以外从事和男性同样的工作，并且有机会获得平等的教育资源，以帮助她们达到相同的技能水平，即使女性对这些机会和职位的接受程度较低，因为她们被内化的社会规范所抑制，表面上也是令人无法接受的。

这个判断取决于相对于男性被分配的工作，女性在劳动的性别分工中被分配的工作不太重要或报酬更少吗？我不这样认为。“女性”领域的某些工作本质上看起来是毫无价值的（保持台阶清洁），但大部分不是这样，而且有些工作（尤其是抚养孩子）不仅仅极具挑战性和极有收获，而且极具内在价值。同样的，“男性”领域的许多活动，虽然可能很有趣，但并非明显有价值（避免对上司提出明显合理的批评）。但没有必要为了谴责劳动分工的性别属性而否认这一点。有些女性可能更适合“男性”领域的活动而不是“女性”领域的活动，反之亦然，因此，如果这些人被限制在自己的性别领域内，那么他们就没有那么多的机会来获得发展。一些女性可能会被养育子女和家务劳动的生活所扼杀，尽管这是一种内在价值；一些男性可能会因为“养家糊口”的生活而感到沮丧，但其他很多人可能会觉得这很有趣。那些阻碍他们在生活中繁荣发展的规范，由于这个原因而受到可行能力理论的谴责。

如你所料，诺齐克的理论基本上不支持对劳动性别分工的批评。当然，他的观点并没有赋予男性和女性不同的角色，他的结论是在工作中或在家庭里，男性和女性不应被法律赋予（或鼓励承担）不同的角色。但他也坚持认为，公司的拥有者有权雇佣任何愿意为他们工作的人，且有权与任何他们想要的客户进行交易。如果现行社会规范导致公司的所有者歧视女性应聘者，这是他们有权做的事情，而政府进行强制干涉是错误的。同样的，如果同居者之间达成的协议导致家务劳动分工出现，这是他们的交易，政府试图对他们施加影响就是错误的，即使他们的行为受到社会规范的背景的影响。值得注意的是，社会规范可能会对劳动分工的性别属性产生更大的影响，如诺齐克所言，雇主就一定有歧视女性的权利。如果雇主获得许可歧视女性，这就意味着女性在家庭之外的机会要比男性少得多。这反过来会影响到她们在家庭内部的谈判力量：她们不能像她们的丈夫那样从家庭外部拿回一样多的钱，所以在决定谁承担更多家务劳动的谈判中她们的力量更小。如果你不喜欢夫妻双方（或者在诺齐克的世界里，三个人，四个人，或不论多少人组成一个家庭）通过讨价还价决定谁做什么，那就把夫妻看作理性的联合代理人，试着去决定如何使自己的幸福最大化。由于其他条件相同的情况下，男性能够从家庭之外的工作中比女性获得更多的收入，当男性在外工作时，这对夫妇便有理由将家务劳动分配给女性。即使他们都在外工作，对他们而言将事业放在首位是理性的，但当孩子生病时或需要请假照顾生病的亲人时，她也是唯一应当远离工作的人，或者为了操持家务和照顾放学后的孩子而只做兼职工作。社会规范有两点作用：第一，通过影响这对夫妇想在家里做什么事情；第二，通过限制女性在家庭之外能够做的工作。但是如果社会规范是不同的，并且会导致不同的结果，诺齐克就不会有反对这些行为的基础。不同的是，一些保守派的思想家或许认为我们所知道的特定的性别分工服务于一些美好的目标，因此这些分工应当得到强化，诺齐克并不同意这种说法。

最后，群体性权利的路径是什么？正如我猜想的那样，这种路径趋向于强化产生机会不均等的机制，有一个很好的例子，根据什么特定的群体性权利被承认，它将会加强而不是反对劳动的性别分工。在一篇著名的文章中——《多元文化主义对女性有害吗？》，苏珊·莫勒·奥金认为所有文化在某种程度上都存在性别歧视：也就是说，对女性的利益有敌意（设想与男性平等）。奥金担心，存在许多正式或非正式的方式对女性的自由和资源的获取进行限制。以下是她经常谈到的三个例子：

1. 抢婚（marriage by capture）[1] 在美国的苗族社区中得到了实践。婚姻是由女性（至少 14 岁）的父母包办的，被选中的未来丈夫“绑架”准新娘（得到女方父母同意）并强奸她，然后娶她。对于将要发生什么，有时年轻的女性会被征求意见，而有时不会，当然抢婚的道德性多少会受到有没有征求女性意见的影响；但是对于任何低于同意年龄的孩子，即使征求意见也只能轻微地减轻他们的错误行为（奥金，1999：18）。

2. 在一些对伊斯兰教法律的理解中，当一个女人犯通奸罪时，她会被判死刑，并由通奸者的男性血亲执行（奥金，1999：18）。

3. 虽然前两个例子直接被大多数西方民主国家的法律所禁止，而且直接与金里卡、哈尔伯塔尔和马格利特优先支持的群

---

[1] 抢婚，原始社会的一种婚俗，即由男子通过掠夺其他氏族部落女子的方式来缔结婚姻，亦名掠夺婚。抢婚习俗一般认为是古老的掠夺婚的遗存或变异。掠夺婚盛行于以男性为中心的游牧时代，此时因女子已是男子的所有物，所以成为部落与部落、民族与民族发生斗争时的掠夺对象。在国内外有的地区现存的抢婚，事先已得到女方的默许，由男方邀约伙伴“佯抢亲”，事后议定聘金，举行婚礼；也有以象征性的抢婚作为婚礼仪式的，这也是抢婚习俗的残余。——译者注

> 体性权利的利益相冲突，但奥金的第三个例子更加复杂。女性割礼的做法各不相同，但主要的做法是切除阴蒂并将阴唇缝合起来，为小便和月经留下一个微小的开口（为防止性交封锁阴部）。在最极端的情况下，割礼也包括切除整个阴唇。这种做法没有带来任何医疗效益，反而带来了巨大的风险，包括但不限于出血、感染、尿潴留、慢性盆腔炎、不孕、尿路感染、会阴裂伤和产后败血病。手术极其痛苦。尽管这种做法在非洲移民中被认为是相当普遍的，但在西方这种做法不可行。世界卫生组织估计非洲国家有1.37亿名妇女曾经受割礼，包括马里93%的女性，苏丹89%的女性，索马里98%的女性（奥金，1999：18）。[1]

尽管标准的自由个人主义观点在禁止女性割礼方面不会有任何异议，但群体性权利观将面临更多的困境。虽然个人主义者通常允许父母在抚养子女上有相当大的自由，但他们通常会认为，（对孩子来说）当相关利益没有合理的前景时，不允许父母对孩子施加可能造成巨大的身体伤害风险的行为。但是群体性权利观认为群体可以为了文化结构的生存而将成本强加于个体（或者建立一个将成本强加于个体的制度）。正如我们所看到的，哈尔伯塔尔和马格利特没有区分父母和孩子的文化，因此，如果女性割礼是一种在文化中根深蒂固的受保护的群体性权利，那么它必定受到允许。

---

[1] "女性割礼：它是一种犯罪还是一种文化？"，《经济学人》，1999年2月13日。对于女性割礼的进一步讨论，以及对试图为容忍这种行为辩护的详细反驳，请参见努斯鲍姆（1998：ch.4）

事实上，我怀疑那些公然自称自由主义者的群体性权利理论家通常会支持女性割礼的实践。但奥金进一步提出了也许更有说服力的观点。她说：“性别歧视通常不那么明显。在很多文化中，对女性的严格控制是在私人领域通过实际的或象征性的父亲的权威来强制执行的，或者是通过与年长的女性共同参与的文化控制的。”（奥金，1999：22）例如，考虑到传统的性别角色，服从男性的传统态度，对教育的不同态度。许多做法不要求女性被正式剥夺平等的权利或同等的资源，并且允许女性在法律面前享有平等的地位。但是这些做法会慢慢塑造男性和女性的态度，最终女性就会有较少的非正式机会，而且比男性要求更少的资源。特别是可以在国家或当局没有任何正式干预的情况下培养女孩和男孩，使其在地位顺序中占据不同的位置，以确保做到这一点。因此，即使在金里卡的案例中，自由文化主义理论也似乎反对性别歧视的法律限制，但保护那些通过遵守文化规范而不是通过实施法律限制而幸存下来的性别歧视实践免受审查。

奥金的观点有两个维度。首先，她指出不能认为文化对生活于其中的人有好处，而且由于性别歧视普遍存在，绝大多数文化（事实上，可能所有文化）被赋予了群体性权利，这将导致它们可以对一些成员实施内部限制（正式或非正式）。其次，即使群体性保护没有正式允许更有力量的群体成员去压迫其他人，她也担心群体性保护将产生（其维护者无意中）验证文化中有问题的做法的效果，并使这些做法更能抵抗来自外部和内部的批评。为了说明后一种可能性，不妨考虑一下自由民主国家中保守主义者的常见做法，他们对改革的论点做出回应:他们不爱国,或者“不像我们这里所做的那样”。少数群体中的保守派可以对内部改革者采取同样的反对行动，当公众对“我们这里做事的方式”认可时，保守派会更加成功。

金里卡至少可以通过将社会化纳入传统的性别角色和其他类似的非正式做法，来对第一点做出回应，比如不能从自由群体性权利的角度进行辩护的“内部限制”。但这就涉及一个问题，即什么是内部限制。当然，在主流的自由社会中，我们不认为政府禁止父母将他们的孩子社会化为传统的性别角色是合适的，即使我们认为（如同奥金所做的那样）政府那样做是合法的，但看起来人们不太可能那样做。很难相信,在标准的个人权利制度中不能被合法禁止的东西,能够被看作保护群体的内部限制。奥金并不认为这样的做法应当在群体内部或主流社会内部被法律禁止。她认为群体性保护使这些令人反感（但不必禁止）的做法更有可能在群体中持续存在，而且当决定是否实施基于群体的保护时，这是群体成员必须承担的成本。

结论

我试图阐明针对这些特殊问题的相关理论的实际后果，有两个目的。第一个目的是阐明并稍加思考我在第二章介绍的反思平衡的方法：这些理论对实际案例的影响可能会影响我们对理论本身的判断。因此，举例来说，我经常发现那些对罗尔斯的理论有好感的人，当他们遇到对这些原则的争论和原则本身时就会感到不舒服，因为他们发现罗尔斯的理论没有给予平权法案以原则内的支持；还有一些人，当他们看到诺齐克对平权法案的论证与他们自己的论证非常吻合时，他们坚定地支持平权法案，将其视为一种重要原则，从而对诺齐克的理论有些热情。当然，这并不意味着对案例的直觉应当常常具有决定性：有时候你应该拒绝那种直觉，特别是如果你发现在很多其他情况下，这个理论与你的直觉相悖时。第二个目的是阐明理论和实践之间的差距：很难精确地知道，任何给定的理论对任何特殊的情况或案例会有怎样的判断。

第八章　个人正义、政治正义和自由女权主义

在这本书中，我一直遵循我所认为的当代政治哲学的主流观点，即正义的主体是社会的基本结构。正义，换句话说，就是找到指导强制力设计的原则，广义地说，就是寻找指导政治制度设计的原则，而不是寻找指导个人行为的原则。罗尔斯创造了“基本结构作为主体”的短语，但是我们研究过的多数其他理论家，从自由主义者到平等主义者再到群体性权利理论家，都接受这个基本的背景性规则。在上一章中，我们发现这种观点使自由主义者很难声称家庭内部产生的某些机会不平等是不公正的。

在本章当中，我想看看对这个观点的反对意见，这个观点的现代版本起源于女权运动，但它有更古老的根源。反对意见被概括在著名的口号“个人的就是政治的”中，并且没有理由将正义理论的注意力局限于基本结构上，个体的个人行为如同公共机构的强制性活动，也是一个根据正义标准进行评价的问题。

不应该将这种反对意见与另一种反对意见相混淆，另一种反对意见认为，对罗尔斯而言，或者更普遍地说，对自由论者而言，他

们不承认某些制度的公共性质，因此也不能把握基本结构的特征。这种反对意见承认公共和私人领域之间的区别，但是，它断言公共领域中包含了比通常所认为的更多的内容。因此，自由论者倾向于将资本家的企业活动视为非强制性的，因此不从正义的角度对其进行批评。一些理论家以同样的方式看待家庭，而罗尔斯也随着时间流逝在将家庭置于基本结构当中和排除在基本结构之外两种情况之间摇摆不定：实际上是将其看作私人领域。

“个人的就是政治的”这条反对意见认为，个人的行为和动机本身就是正义的评价对象，到目前为止，它们都是对非正式流行文化的期望或社会规范的回应。回想一下我对苏珊·莫勒·奥金的论点的回应，她论证罗尔斯的正义论会质疑劳动的性别分工。她认为，社会性别制度不仅包含在一个社会的法律和经济制度的激励机制之中，而且包含在促使个人选择与其性别保持一致的流行规范和普遍预期中。我的回答是，到目前为止，社会性别制度部分由这些规范构成，罗尔斯的理论不反对这些，因为在他的理论中，正义原则不适用于后者，而只针对法律和经济激励机制。“个人的就是政治的”这条反对意见认为，如果是这样，那么罗尔斯的理论就是错误的（像诺齐克的理论，金里卡的理论，可能努斯鲍姆和森的理论等相同脉络的理论也是错误的）。近年来最有力地提出这条反对意见的政治哲学家是 G.A. 柯亨（G.A.Cohen），因此，在谈论女权主义观点的影响之前，我将集中讨论他的观点。

柯亨的论点集中于罗尔斯，尤其认为差异原则（最大最小原则）不能只适用于社会制度，也应当适用于行为主体的个人选择。但之所以如此，是因为罗尔斯阐明了很多人认为理所当然的观点，并且因为柯亨尤其关注对差异原则的反驳。所以，尽管我将它作为一种反驳罗尔斯的论点，但实际上它反对的是政治谱系上的正义理论家一致赞同的观点。

柯亨的论点是相当复杂的，在评价它之前，我想要准确地描述它。如此才算完整。

柯亨的论点首先是对一种“理由”的评论，即那些从被默许的不平等中获益的人必须交出他们不当得利的理由。差异原则认为，当且仅当不平等对于使社会中处境最不利的人比他们本来的境况要更好的时候，不平等才是公正的（柯亨，1997：5）。当激励有才能的人更有成效地工作，能够使最弱势者获益时，差异原则机制就支持不平等：“当且仅当有才能的人获得的薪酬高于普通薪酬时，他们才会生产出比他们没有获得高于普通薪酬的情况时更多的产品，额外产品的一部分……可以被用来补充处境最不利者的利益”（柯亨，1997：6）。想想有才能的人接受激励措施。无论他们自己是否承认差异原则。假设他们不承认：只有在这个社会的成员自己承认并维护正义的正确原则时，这个社会在罗尔斯主义者的绝对公正社会的意识中才是不公正的（罗尔斯规定这是一个秩序井然的社会的理念的一部分）。

让我们假设，有才能的人自己也认可差异原则。如果他们认可，那么他们会在日常生活中遵循这个原则。但之后他们无法回答这个问题：为什么你要求比那些没有天赋的人从不特别令人讨厌的工作中获得更多工资？

> 在差异原则的审问下，他们不能用自我辩解的方式来主张，由于他们不情愿为普通的回报而像异常高的回报那样富有成效地工作，因此他们的高回报是必要的，这种不情愿确保无才能者获得比他们与之相反的情况更少……因此社会正义不是其立法机构的专责……还是人们在那些规则之中所做选择的责任。（柯亨，1997：9）

主流观点的捍卫者对这种尴尬境况做出了回应。他们认为差异原则只适用于社会的基本结构，因为正义只是一个基本结构的设计问题。人们不需要提供自我辩解，也不需要根据正义原则考虑如何选择，他们只要遵守法律并维持那些原则所要求的社会结构就可以。这便是柯亨所言的基本结构异议，而且它构成了我们正在讨论的观点。但是，柯亨回应道，罗尔斯的两条意见与基本结构异议是互相矛盾的。第一，罗尔斯认为，最弱势者能够“有尊严地忍受其处境”，因为他们知道他们的境况比在任何其他分配的情况下更好；在那种境况中改善是不可能的。但柯亨指出，没有改善的可能是不对的，因为即使在为了最弱势者的利益最大化而建立的基本结构中，如果更有优势的人拒绝不平等利益，那么最弱势者的处境也会更好。没有激励机制，他们也可以更努力地工作；但他们不会。如果最弱势者至少对经济有基本的了解，他们就知道这个情况。因此，基本结构层面的差异原则仅仅带来的满足感能够使最弱势者“有尊严地忍受他们的处境”，这是不真实的。

第二，罗尔斯说人们在日常生活中按照正义原则行事。但这要求将正义作为个人选择的一种责任：如果基本结构异议是正确的，那么人们按照正义原则行事就没有必要了。

当然，罗尔斯说过许多内容，在漫长的职业生涯里，一个人有一两次自相矛盾是合理的。可能他不应该做出与基本结构异议相矛盾的判断。因此，柯亨认识到，他有必要对基本结构异议做出更加积极的反驳。他指出，罗尔斯在阐述何为基本结构的两种说法之间存在系统性的模棱两可。柯亨称这两种说法为粗略的强制性纲领（Broad Coercive Outline）和主要的社会制度（Major Social Institutions）。粗略的强制性纲领认为包含在基本结构之中的仅仅是那些（合法的）强制性制度（柯亨，1997：19）。主要的社会制度的范围更广，包括约定俗成的规则和惯例（柯亨，1997：19—20）。二者之间的区别，想想阿米什人（the Amish）[1]，一个存在于美国东部海岸和中西部部分地区的宗教群体。阿米什人的孩子和非阿米什人的孩子几乎受相同的法律约束（不同的是他们被允许在较小的年纪不去上学）。一旦他们成年，就不能要求他们参加宗教仪式，或者继续留在宗教群体中，事实上，在孩子们选择是否留在宗教群体之前，阿米什文化允许他们在青春期后期的一段时间不受社会规则的约束。但是，离开的代价是他们将被他们的宗教群体隔绝，包括他们的家庭，而他们对此是知晓的。这个行为是非强制的，从正式意义上来说，法律不支持或反对。但尽管如此，它仍被当作主要的社会制度（在他们的微型社会中）。

但是，非强制性制度只具有它们自身的特征，因为人们在强制

---

[1] 阿米什人是形成于十七世纪欧洲的一个新教再洗礼派。由于受到迫害，在十八世纪和十九世纪数次从欧洲移民于北美。——译者注

性制度里只是例行公事地做出选择。在粗略的强制性纲领中，个人行为和个人选择是基本结构的一部分，它们遵守正义的评判。因此，反驳柯亨的论点的唯一方法是坚持粗略的强制性纲领。

但是，粗略的强制性纲领与罗尔斯提出的关注基本结构的理由背道而驰。他认为，关注基本结构的理由是“它的影响如此深刻，并且从一开始就呈现出来”（柯亨，1997：21），而且，“由于任何现代社会……都必须依靠一些不平等来良好地设计和有效地组织”，我们关注基本结构是因为它对生活在其制度下的人们有着“深刻而广泛的影响”（《作为公平的正义》55）。这是解释基本结构的首要性的唯一途径。但柯亨指出，只有强制性制度的影响是深刻的，而且从一开始就呈现出来，这一说法是错误的，罗尔斯自己似乎也意识到了这一点。关于非强制性制度影响深刻且从一开始就呈现出来的两个明显的例子分别是家庭结构和人们对经济激励机制的反应方式。

考虑一下家庭结构。如果一个社会有性别歧视的风气，以至于男性和女性都认为女性应当对家务劳动承担主要责任，假设男性和女性有望参与社会工作，女性最终将承担不平等的重负——社会中的等量工作，还有更多家务劳动。可以预见的是，这种做法将继续影响由这些父母抚养的孩子，以及他们对如何过自己的生活的期望。不需要任何法律或围绕法律的强制手段来维持这种安排，因此家庭结构不会以粗略的强制性纲领的制度形式出现。但它显然是一种不平等，“影响深刻且从一开始就呈现出来”。对于柯亨来说，在一个社会中，男性和女性不平等地分担家务劳动，在这个方面，这个社会显然没有男女平等分担家务劳动的社会公平，即使不平等分担的理由与强制性背景无关。

现在考虑个人对经济激励机制的反应。差异原则提出的激励机制目的在于让那些不会发挥才能的人才发挥他们的才能，这样政府就能将他们工作产生的盈余重新分配给最弱势者，以改善他们的境况。显然，政府不能强征100%的边际税率，因为这就没有激励作用了。因此，必须征收低于100%的税率。考虑两种不同的社会，A和B，其税率（因此粗略的强制性纲领）是相同的。在A社会中，有才能的人高度关注最弱势者的利益：他们愿意以非常低的薪水在直接使最弱势者受益的岗位工作。在B社会中，有才能的人非常自私：他们只愿意为高薪工作，因此不考虑相同的边际税率，最终他们获得更多的家庭收入。

这里有两种可能的情况。在第一种情况中，最弱势者在B社会获得的净实际收入比A社会更低；在另一种情况中，他们获得与A社会相同的净实际收入，但他们知道只要有才能的人获得激励的方式与A社会相同，他们（最弱势者）就能有更多的净实际收入。无论怎样，有才能者的积极性，而不是强制性制度，使他们的境况比与之相反的情况更糟。

柯亨承认，很难知道如何追究由此造成的不公正的责任，但这并不重要：我们可以说，一种情况比另一种情况更公正，而不知道在不那么公正的情况下，应该如何追究错误行为的责任。关于柯亨的分析，我要强调的关键点是，在比较两个社会多公正时，恰当的方式是不仅考虑那些直接由强制性制度所造成的人们处境的特征，也需要考虑那些不直接由习俗、文化和社会风气所造成的人们处境的特征，即使那些不是强制执行的。财富分配更平等的社会比财富分配不平等的社会更公正，即使它们具有相同的最大最小强制结构，唯一的区别是不平等社会的风气鼓励人们以利益最大化的方式行事。

如果柯亨是正确的，那么正义的评价对象比我们到目前为止所遇到的大多数理论家所承认的还要多。在柯亨对基本结构的偏好理解上，罗尔斯的理论确实可以被用于奥金所寻求的理论中去，并可以概括出性别系统，以及柯亨认为不公正的不平等，因为它们是有才能的人的自我追求动机所必需的。已经看似激进的理论变成了更激进的理论：激进的平等主义和激进的女权主义。

个人政治是否像柯亨建议的那样？针对柯亨的论点，我想提三条简短的回应，之后再简短地回顾一下正义的最终理论，该理论试图重塑个人与政治之间的关系。

第一条回应承认柯亨所说的一切，然后评论说这没有什么实际区别。有人可能会注意到，我们根本不知道如何确保文化的内容是正确的。柯亨提供了一则很好的例子，英国商人在 20 世纪 50 年代会见他们的美国同行，因为他们来自更加平等的文化，但英国人感到震惊而不是嫉妒，在美国人和他们的员工之间存在着比英国人更大的不平等。但是，20 世纪 50 年代的英国文化怎样成为那个样子？即使我们知道，我们也不知道如何通过政府行为来复制这种影响。自 20 世纪 70 年代以来，美国的公共文化就变得对同性恋更加宽容了（即使激烈反对同性恋的人现在也觉得有必要宣称他们“热爱那些有罪的人，但憎恨其罪恶”，而且大多数人这样做或多或少是真诚的），而且变得不那么种族主义了，公共文化信任政府行为已经产生了一些影响；但在极大程度上，这种变化是某种进程的结果，该进程既非政府采取行动，也不是受到政府的过多控制。

在实践中，这是一个避免干预文化特性和其发展得很好的理由。但是当政府行为有效时，就不能拒绝许可政府行为。所以，现在想想政府成功地控制“解释和评估模式”需要什么手段，这些模式是在个人关于如何生活的判断和选择中显现出来的。最自然的可用手段是儿童教育和成人的公共教育。政府必须利用其对公共教育手段的控制来改变解释和评估模式。例如，如果不提倡对同性恋的特殊态度，或对不同的宗教观和反宗教观的特殊态度，很难想象政府如何做到这一点。也就是说，它必须参与塑造未成年人的思想。

值得记住的是，在这一点上政府通常会以这种既明显又隐晦的方式来控制学校的教育。政府经常通过学校教育来给孩子反复灌输爱国情操，或宣扬某种宗教信仰。民主国家的公立学校也常常以多种方式宣扬民主特性：他们鼓励孩子去投票，重视公共服务，批判地思考公共事务，宽容那些与他们持不同意见的人，等等。不太明显的是，通过将一些课程主题优先于其他主题，他们培养了学习这些主题倾向于产生的性格类型。因此，尽管通过学校教育来塑造性格听起来似乎是专制的，但这是很普遍的。

对柯亨的第二条回应来自安德鲁·威廉姆斯（Andrew Williams）。威廉姆斯承认没有原则性理由将正义的主体简单地定义为合法的强制性结构。但他认为在假设基本结构只能根据其强制性或其深刻影响人们生活的倾向性来定义上，柯亨行动太快了。另一种定义可以通过参考罗尔斯对公共价值的强调而给出。罗尔斯说，“通过一种制度，我将理解一套公共规则体系”（威廉姆斯，1998：233）。他为行动保留了术语“制度上的”，它能够实现一种特定类型的社会规范，这种社会规范在以下意义上是公开的：个人能够获得以下常识（1）规则的一般适用性，（2）它们的特殊要求以及（3）个人符合这些要求的程度。因此，罗尔斯主义的原则要求

> 建立和维持那些最有效地实现这些目标的制度，并谴责那些阻碍它们实现的制度。然而，这些原则不适用于某些类型的决策。对一些选择而言，尽管它们可能具有深刻的影响，但不能被认为符合或违反公共规则……此外，在这样的非制度性选择中的决策成为市场最大化者，而不是将平等主义信念延伸到个人的经济活动中的决策。（威廉姆斯，1998：234）

因此，罗尔斯的正义理论以及将其应用到公共规则体系的选择，不仅包含了将个人看作自由和平等公民的价值，而且包含了一种特别的社会统一的概念，即人们应当按照他们都能够接受的规则生活在一起，只要其他人遵守这些规则，他们也都能遵守，并且他们都能够知晓这些正在被遵守的规则。从这一观点来看，不平等的不同根源能够受到非对称地对待。因为我们能够收集关于财政政策的信息及其实施情况，从正义的角度来说，这是一个恰当的研究对象。但个人动机，即使涉及的个人信息往往不完整，也不能被公开地监控。基于正义理论的目的，有限的信息对于相互竞争的正义理论的评估有影响。我们应当选择“其应用范围受限于公开访问现象”的原则，因为我们关心这种不平等的根源的主要原因“不仅是它们对人们生

活的不同影响”，还有它们的公共性质（威廉姆斯，1998：245）。

同样的，思考一下劳动的性别分工。事实上，我们可以监测法律和经济激励措施的设计是否系统性地不利于女性；如果是这样，那么称该社会是不公正的就是恰当的。但假设我们能够观察到女性有系统地做更多的家务劳动，而不管很久之前我们就成功地消除了致使我们期待这一结果的法律限制和经济激励措施。我们不知道他们这样做是不是文化中的系统性压力的结果，或者是自然倾向的结果，抑或仅仅是自由的自主选择的结果。我们不能以公共性要求的方式来解释社会思潮及其特性。因此，正义原则应当避免对此做出评论。

威廉姆斯对柯亨的回应恢复了正义的有限应用范围。实际上，个人的并不是政治的，因为个人不能被公开地监控。当不平等单单由社会思潮引起时，一个更平等的社会并不比一个不那么平等的社会更公正。但另一种可能的回应是承认柯亨的观点，并承认正义拥有柯亨所建议的广泛的适用范围，但柯亨提出一种不同的价值，即合法性，并认为该价值对政府为促进正义可能做的事情设定了限制。合法性价值实际上是罗尔斯试图建立政治自由的正义理论的基石，在美好生活的各种概念中它是合理的。

合法性要求什么？我将简要概述当代有关合法性的大多数描述所共同具有的特征，并解释为什么这些特征会让国家很难通过操纵社会思潮来追求正义（合法地）。在标准的观点上，合法性首先要求政府容易得到所有理性者的同意。但这是一个相对较弱的要求，因为政府当然可以在没有得到任何实际的个人同意的情况下满足这个条件，即使一些实际的个人是理性的。说理性的人可以同意，并不是说他们会同意或愿意同意。因此，大多数描述都要求政府获得许多实际的个人的真正同意，以此作为补充。如果你愿意的话，一个非常不受欢迎的政府满足于它的人民可以同意的想法，这就是不够努力。但现在我们考虑第三条，为了我们最重要的目的，条件是：如果政权本身能够生产同意的话，实际的同意对于这一政权的合法性就没有意义。例如，假设实际的同意是由政府部门在供水系统中放置了一种产生同意的药物（consent-producing drug）所产生的。我们认为，在评估该政权是否合法时，这种同意根本算不上什么。要让同意有价值，它必须是公民自己自由和不受操纵的推理的结果。当政府试图控制同意时，它就损害了它本来会获得的合法性。

这表明在费力操纵社会思潮时可能会有什么错误。虽然政府改革强制性制度（由类似自由原则所设置的限制）以改变人们的动机并改变他们所享有的全部资源的份额，这是完全合法的，但直接介入以改变社会思潮的特性则存在不合法的风险。政府不应试图介入并改变公民的动机结构，而不直接依靠他或她的理性。

当然，这种合法性概念使我之前说过的一些司空见惯的做法存在问题。在我提到的合法性概念的基础上，诸如利用公共教育以促进爱国主义，甚至促进对公民制度的忠诚等做法都是存在问题的。如果我们以一种特殊的方式来思考正义和合法性之间的关系，这看起来是一种压倒一切的反对意见：如果我们认为，正如罗尔斯常常认为的那样，任何违反合法性原则的事都不能够保护正义。但如果与此相反，我们看到两种价值存在竞争关系，在得到正义价值时会丧失部分合法性价值，那么我们就能够说，只有当它们带来很多正义价值且不牺牲许多合法性价值时，这些做法有时才是合理的。

对柯亨的回应允许我们得到最好的两种价值。我们能够说一个更加平等的政府比一个不那么平等的政府更加公正，但考虑到所有情况，仍然这样说可能不被允许，或至少是不好的，因为政府在允许做推进正义的事情上受到了限制。但它可能更加公正和同样合法；这都取决于对流行的社会思潮的内容做出恰当的解释。在柯亨的例子中，20 世纪 50 年代英国经营者和工人之间的资源分配与美国经营者与工人之间的资源分配相比，是更加公平和同样合法的，原因在于英国战后的社会思潮不是政府操纵产生的。但这并不意味着美国有一个合法和更加公正的可用选择；很有可能美国只能通过非法操纵社会思潮来向更加公正的安排前进。

女权主义，再分配和承认

应该以更广泛的方式来诠释基本结构，这种方式是柯亨建议用于诠释女权主义的，该政治立场源自“个人的就是政治的”这个口号的现代应用，那么上述观点的含意是什么呢？再次回想第七章中我对奥金观点的批评，她认为罗尔斯的正义论谴责经济与家庭中劳动的性别分工。我的观点是，因为应用于社会基本结构的正义原则，即被我解释为社会的“粗略的强制性纲领”，它们对由人们的个人决定所致的劳动的性别分工是不承担责任的，那些个人决定对于社会中性别歧视的惯例负责任，而不对性别歧视的法律或经济激励措施负责任。在奥金看来，由于一些劳动的性别分工是由性别歧视的惯例导致的，故不能以罗尔斯的理论对此进行谴责。

尽管如此，柯亨根据倾向性对基本结构的重新解释，允许不同的回应。如果我们能够将罗尔斯的原则运用到社会思潮方面，或者文化方面，就和运用到粗略的强制性纲领方面一样，那么事实上，它们确实谴责劳动的性别分工。不仅性别歧视的激励措施，还有性别歧视的惯例，都将受到谴责。当然，这很有可能是奥金心中对基本结构的解释。但重要的是弄清楚，这些原则在对基本结构的广义解释上究竟谴责了什么。在某种程度上，某些不平等负担是由男女之间的自然差异造成的，这种劳动分工不受任何解释的谴责：例如，事实上由女性而非男性照顾孩子和喂奶并不是一种不公正。又比如，婚姻中的种种不平等负担都不会令人无法接受。一些特别的夫妻分配家务劳动，以至于女性负担更多，从这个实例当中，我们不能立马断定什么做错了。对基本结构的限制性解释允许我们只注意强制性制度对他们的决定的影响程度，而扩大性解释允许我们考虑强制性制度的影响以及社会思潮对其决定带来的影响。就是这样。在没有激励措施或文化规范迫使妇女普遍承受更大负担的背景下，如果这些决定在某种程度上异想天开地做出，或为了使家庭单位的幸福程度最大化，就没有不公正。

在结尾，我想简单地分析一下对再分配的正义与承认的正义（justice as recognition）之间的关系的评论，其中再分配的正义是此书的焦点。南茜·弗雷泽（Nancy Fraser）[1]认为关注资源分配的传统是片面的，而与人们在社会中是否被合宜地“承认”为平等者相关的正义，同样具有独立的重要性。弗雷泽的正义理论非常完整，虽然我不打算详细讨论她的理论，但我确实需要回顾其理论以揭示她对承认的评论的重要性。

与我们到目前为止讨论过的所有理论家不同，弗雷泽的出发点是现实世界。她指出了现实世界中的不公正，并试图详细阐释一种解释这些不公正错在哪里（为什么它们是不公正的）的理论，还指导我们应该如何去消除这些不公正。首先，她将分配不公（maldistribution）和错误承认（misrecognition）视为一种特殊的错误。当某个人或某个群体占有的资源少于正义要求的数量或多于正义许可的数量时，分配不公的错误就发生了。社会中流行的“制度性文化模式所解释和评价”的结果，是使某个人或某个群体没有受到平等的尊重，那么错误承认的错误便发生了。分配不公是政治经济组织方式的结果；错误承认是身份等级设置方式的结果。

当然，分配不公和错误承认常常结伴而来。但从概念上讲，它

---

[1] 南茜·弗雷泽（1947—　），美国社会研究新学院哲学与政治学系教授，当代著名的政治哲学家、美国公认的批判理论主要代表、女权主义者，也是法兰克福学派于德国和美国两大支脉在哲学上的主要代表。她的哲学思想和政治思想具有激进主义传统，其硕士、博士均就读于具有左翼传统的纽约城市大学。弗雷泽也是美国新马克思主义、女性主义的代表人物之一。——译者注

们是不同的错误。根据吉姆·克劳法（Jim Crow laws）[1]，非洲裔美国人被剥夺了资源和尊重，但每种剥夺都构成明显的不公正。如果你愿意，它们有两个完全不同的申诉理由。完全有可能的是，某些群体的成员只抱怨错误承认，其他人只抱怨分配不公，还有人对两者都不满。因此，弗雷泽界定了社会中两种不同类型的群体：

1. 单价集体（Univalent collectivities）的存在只根源于政治经济或身份等级中，但不会同时根源于二者。（弗雷泽 1998：11—12）对工人阶级的标准社会主义描述只植根于政治经济，而对男同性恋和女同性恋性倾向的描述（作为一个集体）植根于身份等级。说一个集体的存在根源于身份等级，当然不是说该集体中的人没有共同的特征，他们构成了独立于身份等级的共同特征。男同性恋者都是同性恋，即使同性恋不是一种被鄙视的性取向，他们也都会是同性恋。但正如个子高的人（个子都确实很高的人）不会构成一个集体一样，他们也不会构成一个集体。单价集体的事实也不是指它只遭受一种错误。工人阶级的成员可能遭遇错误承认，而同性恋者可能受到经济上的歧视而遭遇分配不公。但是，其存在根源于政治经济的群体遭遇错误承认，是他们遭遇分配不公的结果，解决了分配不公的问

[1] 吉姆·克劳法，泛指1876年至1965年间美国南部各州以及边境各州对有色人种（主要针对非洲裔美国人，但同时也包含其他族群）实行种族隔离制度的法律。这些法律上的种族隔离强制公共设施必须依照种族的不同而隔离使用，且在隔离但平等的原则下，种族隔离被解释为不违反宪法保障的同等保护权，因此得以持续存在。但事实上黑人所能享有的部分与白人相比往往是较差的，而这样的差别待遇也造成了黑人长久以来处于经济、教育及社会其他方面较为弱势的地位。——译者注

题，错误承认的问题也随之解决。

2. 二价集体（Bivalent collectivities）的存在部分根源于政治经济，部分根源于身份等级。对此，弗雷泽的主要例子是性别（弗雷泽，1998：15）。女性“可能受到社会经济分配不公和文化错误承认的双重痛苦，在形式上这些不公正在哪里都不是另一种不公正的间接结果，但两种不公正在哪里都是原生的和同源的”（弗雷泽，1998:15）。弗雷泽认为，二价集体事实上是一种规范：即使看起来似乎是单价集体，在调查之后，常常是二价的。

弗雷泽认为，正义理论必须给予这两种错误适当的重视。她的理论被概括为她所谓的“参与平等原则”。该原则要求社会制度的安排使每个人都能在公共生活中作为平等的人来相处：

> 不公正的是，否认一些个人和群体在社会交往中的完整伙伴身份，仅仅是由于制度化模式解释和评估的结果，他们没有平等地参与上述模式的构建，而这贬低了他们的独特性或指定给他们的独特性。（弗雷泽，1998：24）
>
> 正义需要那种允许社会的全体（成人）成员作为平等的人彼此相互影响的社会安排。（弗雷泽，1998：30）

该原则的基础是“同等尊重的权利和/或实现社会尊重的同等机会的权利”[1]（弗雷泽，1998:24）。该权利要求社会制度的安排允许参与平等。

弗雷泽详细阐述了三个必须满足的条件：

[1] 这是参与平等的必要的主体间条件。——译者注

（a）正式的法律平等：也就是说，对于女性、少数民族、同性恋等，不应该有法律上的歧视（弗雷泽，1998：30）；另外：

（b）“资源的分配必须确保参与者的独立性和‘发言权’”（弗雷泽，1998：30—31）；

（c）“制度性文化模式的解释和评估对于所有参与者必须表达同等尊重，并且确保实现社会尊重的同等机会”（弗雷泽，1998：31）。

左倾学者热衷于从弗雷泽的理论中汲取政治理论的资源，来阐释他们的社会学分析和政策评论（例如，阿普尔、威蒂等）。但她的正义论的前两个条件［（a）和（b）］与传统的自由平等主义理论家的观点非常接近。第三个条件是弗雷泽的理论不同于经典的自由正义理论的关键，如罗尔斯的，努斯鲍姆的，甚至诺齐克的。弗雷泽认为，像罗尔斯那样的自由平等主义者错误地将承认问题简化为重新分配的问题。但那看起来是错的：即使如此，罗尔斯的理论的基本道德动机是为了确保社会生活得到安排，从而适当地承认人们作为自由和平等的人的地位。诺齐克、努斯鲍姆、弗里德曼和金里卡都以不同的方式，似乎同样将承认放在首位。但是，经典的自由主义观点不再要求“制度性文化模式的解释和评估对所有参与者表达同等尊重，并且确保实现社会尊重的同等机会”。正如柯亨所指出的，他们的注意力集中在直接强制性法律结构上，这是因为他们认为社会结构的强制性特征尤其对正当性有急迫的需求，而且因为他们设法为广泛的相互冲突的善的概念的拥护者证明他们的理论。

弗雷泽有一个特别的问题，如果罗尔斯和努斯鲍姆愿意赞同弗雷泽的第三个条件，那么他们也会有同样的问题。她强调，她不是基于人类繁荣、自我实现或善的某一派系的观念，而是“基于对善的观念有不同理解的那些人都能接受”（弗雷泽，1998：25）的正义理论。特别是，它并不依赖于压迫扭曲了“被压迫者的自我意识结构”，或源于“压迫者心中的偏见”的观察力（弗雷泽，1998：26），这样就可以避免受害者的责备和心理监督。换句话说，她的目的在于提供一种“政治的”正义理论，从某种意义上来说，罗尔斯和努斯鲍姆都设法提供“政治的”自由理论：对于广泛而合理的善的观念而言，该理论必须是合理的。

但实施第三个条件将会使该理论与许多善的观念相冲突，事实上，这些善的观念在我们的社会中被广泛接受。不仅仅许多宗教观认为同性恋是错误的，而且规定了系统性对女性不利的性别角色；同时，有关善的许多理性主义观念轻视宗教信仰，并且认为宗教信徒在他们大范围的推理中是非理性的。学校教育，以及成年人的公共教育，将要同时与这些不同种类的看法相抗争。抛开这一想法是困难的，这样做，政府就会与那些善的观念为敌，根据这些观念，政府的正义理论被认为是合理的。政治理论总是沿着一条很好的路线行进：它们必须充分论证一种正义理论，对社会制度如何安排提出独特的要求，但并不至于导致许多善的合理概念无法产生。

与之相关的是，实施第三个条件，至少在超越改变强制性法律结构的方式上，也将使弗雷泽反对早先阐述的合法性原则。政府干预以操纵现行的评估模式，以至于它们与政府的评估相一致，即使政府的评估是（客观地）正确的，也往往违背合法性原则，因为它制造了同意。

结论

“个人的就是政治的”，这个观念在直觉上是正确的。这让我们能够解释这样一个事实，不仅强制性制度，而且我们共同生活（评价模式、文化规范、社会思潮），都会影响我们生活的好坏，并对我们比较不同的政治选择时有重要影响。但它并不要求我们采取下一步行动，并假设政府被要求或被允许尽一切努力以确保正义。个人，尽管是政治的，但也仍然是个人的。反对政府干预个体性格和动机的塑造的道德障碍，与反对以其他形式干预资源和机会的分配的道德障碍相比，前者更强。然而说这些，并不是要政府不作为，特别是政府没有强迫我们去原谅那些利用其优势剥削他人的人，或甚至能够利用其优势使最弱势的人获益，而相反去寻求自己更大优势的人。我们能够说他们做的一些事是错误的，这些事使社会变得不那么公正，但可能令人遗憾的是，我们无法正当地禁止他们做这些事。

第九章　结论

我已经对当代有关正义的理论做了一个大范围的概述。现在我想通过简要指出我们所概述的绝大部分理论所共有的一些特征来结束这次讨论，并提出一些有关正义的保守想法。

一般特征

我们所讨论的正义理论有三个共同特征。第一，它们都是批判性理论。它们是这样的理论，即不把政治现状看作具有固有的权威。这些理论是通过思考特定的价值是通过评估它们有多么重要，以及以什么方式起作用，并建立正确的价值秩序所隐含的宽泛的制度性规则来证成的。它们不是通过观察现存的制度来证成的，也不是通过试图建立能够证明它们的合理性的理论框架来证成的；它们达到了一定的批判距离，并要求我们参照这个距离标准来评估现存的制度。当然，每种理论都支持当代社会的某些方面。弗里德曼的理论和诺齐克的理论大致上赞同当代资本主义社会中经济竞争的基本规则，罗尔斯的理论和森的理论（以一种非常松散的方式）支持一些西欧国家的再分配税收和福利国家的粗略性纲领。所有这些理论，如同金里卡的理论一样，为大多数现存的自由民主国家的基本自由提供（相似的）辩护，尽管我大胆猜测与大多数国家提供的安全保障相比，所有这些理论的严格应用都要求为自由提供更多的安全保障。然而，它们并不是要支持任何现存的社会秩序，而是要提供一个独立的、理性上合理的评价基础。

第二，在某种意义上，所有的理论都是个人主义的：个人被视为道德关注的主要对象，而且公司安排的合理性只能参考其可能对个人生活质量产生的影响。将这种个人主义观和其他观念区分开来是值得的。例如，我所研究的理论中，没有一种理论假定或者要求个人的动机通常或应当完全，甚至大部分，是出于他们自私的利益。所有的理论都对利他主义是普遍存在和有益的可能性持开放态度。的确，自由主义和古典自由理论的捍卫者最常被错误地指责为个人主义者，有时他们争辩说他们的理论要求对再分配的限制，使更大范围的利他冲动有优势。他们也不认为个人是独立的、自力更生的或“不合群的”。罗尔斯关于培养一种正义感的能力的重要性的论断，是对这个事实的回应，即个人有多种多样的道德利益，在社会之外实现这些利益是不可想象的。确实，没有人类社会，人类甚至不可能学会交流。没有社会交往，他们肯定无法培养拥有幸福生活观念的感觉，或积极的正义感。我们所研究的所有理论，实际上都如此假设；对于所有理论来说，问题在于社会秩序是如何被规范的，其给定的假设为人类本质上是社会性存在。

我接受这些理论所共有的弱形式的个人主义，但我要说，我发现很难看出如何为其辩护，因为它看起来和任何支持它的言论一样明显。考虑一条在我看来支持个人主义的暗示。当我们说社会已经改变，我们的意思是如今社会更好地服务于至少某一些成员的利益，或者可能有一些未来成员的利益。例如，向一个性别歧视程度较低的社会转变，是一种道德上的进步，只是因为这意味着一些人（其中许多人是女性）确实比以前生活得更好了。如果你是一个个人主义者，认为向性别歧视程度较低的社会转变是一种道德损失，那一定是因为你认为这种转变伤害了个人（而且这种伤害从某种意义上说，这些理论都超过了这种转变可能给个人带来的任何益处）。但是，如果个人不是道德关注的主要对象，那么社会就可能得到改善，即使从道德的角度来看没有任何人的条件得到改善。我们不能证明这不可能是真的，但这种主张的捍卫者负有举证责任。

大多数理论所共有的第三个特点是所谓的反完美主义。反完美主义的观点是，政府不应要求人们按照政府认为对的和值得的一套价值观来构筑他们自己的生活，即使政府有理由相信这些价值观是正确的和值得的。我们研究过的所有观点，包括马格利特和哈尔伯塔尔的观点，对政府有权为了人民的利益而强迫人民的程度设置了严格的限制。但是，反完美主义是一个程度问题。所有理论都包含对道德价值的参考，这些道德价值通过暗示指导政府的行动。因此，举例而言，罗尔斯的理论有三个基本的直觉观念，它们都是道德观念，在此基础上可以特别地说，人类有更高层次的兴趣，在于能够锻炼和发展他们获得正义感和善的观念的能力。弗里德曼主张根据自己的判断和价值观管理自己的生活的重要性，他认为这对人类繁荣做出了巨大贡献。诺齐克的边际约束（side-constraints）取决于他们对这个观念的呼吁，即人们能够控制自己的生活，对他们而言是有好处的。所以，尽管所有的理论都是反完美主义的，但没有一个理论完全否定有关善的有争议的道德判断。但是，他们确实阻止政府将一种单一全面的生活方式强加给公民，而且制止政府援引这样的理论来证明他们主张的正义原则。

在现代自由民主国家中，温和的反完美主义看起来明显是对的。但这是一个相对较新的现象：许多人类社会已经采用了相当严格的社会规范，即使在当今世界的许多地方，也有强有力的运动使社会制度建立在关于如何生活的综合的观点的基础上，如果言论自由和良心自由得到充分保护，可以公开表达不同意见，那么这些社会就会有争议。在过去的一千年里，大多数西欧国家在一些社会制度下度过了几百年的时光，这些社会制度的正当性来自于参考基督教的一种或另一种版本，今天中东的一些国家通过参考伊斯兰教的某种版本为其社会制度辩护。这些制度在相关意义上都是完美主义的。但在允许什么道德价值观应当发挥辩护作用的问题上，即使是温和的反完美主义者也会存在分歧。此外，一些反完美主义者可能低估了完美主义者的价值观在多大程度上是必要的，以证明我们的某些制度是正当的，他们不想批评这些制度是不公正的。例如，考虑婚姻问题。为什么政府应当有特权对人们本质上的个人生活进行一种特殊的契约安排，在某种程度上，政府以当事人身份订立契约，并且只将各种利益限定在进入契约安排的人身上？这种安排的大部分社会效益和对孩子的益处都可以实现，而不需要特殊的、有特权的安排，反而允许人们按照他们的选择相互订立契约。特殊婚姻契约享有特权的与众不同的好处，是它促使人们去考虑做出长期承诺，并公之于众，使其更加难以解除。如果政府这么做是合理的，那一定是因为它能够给双方当事人的关系带来一些好处，否则这更加难以理解。这里有一个可能的论点：人类有一种活在当下的系统化倾向。这使得他们倾向于在短期和暂时的基础上建立关系，特别是亲密的关系和性关系。如果这些关系维持下去，通常是因为惯性，而不是承诺。但是亲密关系更有意义，当它们是持久的关系时，亲密关系的建立就更为谨慎，这种持久性是承诺的结果，因此它们涉及长期计划的谈判。但是，因为我们每个人都只有一次生命，我们不能从经验中学到这一点，对于我们许多人而言，那就太晚了。因此，政府有理由激励人们在他们的亲密关系中做出长期承诺，而且或许更加重要的是，促使他们决定是否做出相关承诺。一种有特权的婚姻契约实现了这个目标。当然，它不是强制人们做出承诺，所以说这是温和的完美主义，它允许人们做出自己的判断并靠他们自己生活。但是这个理由确实援引了一种关于什么使人类繁荣的论断，并且这个论断很可能在理性的人当中引起争议。

一些保守的想法

细心的读者会注意到我并没有在书中提到任何被视为保守的正义理论。这也许反映出作者的偏见，但我不这么认为。我的目的在于为有关正义理论的当代辩论提供一个公平的看法。公平地讲，我认为当代的正义理论没有一种可以恰当地称得上保守。有些读者可能认为弗里德曼和其他人，或许如诺齐克是保守的，但我不认为这样判断是公平的，他们都认为社会制度必须有理性的合理性，并且没有人认为现状具有任何基本权威。在这场辩论中没有当代的保守正义理论，但这并不意味着在这场辩论中没有当代的保守理论家或保守观点；而且事实上，对正义的社群主义批判所引入的群体性权利观在第六章得到了检视，这种批判基本上是一种保守的批判。我在本书的结论部分想提出一些保守的想法，并解释为什么它们对思考正义问题是重要的。

第一个保守的想法类似于许多读者的想法，这些想法是管理者在他们的工作场所提议改变他们的工作环境时产生的。如果你审查任何一家公司、中学、大学或家庭的基本管理结构，你发现这些结构是完全有效的，那将是惊人的。这些结构的发展是为了应对内部权力争斗和外部条件改变；目前的情况几乎肯定包含了不同的内部权力关系和不同的外部激励措施，它们是对制度发展的回应。因此，当一个新的管理者上任，或者一个管理顾问被请来做战略评估时，她几乎肯定会发现，公司以不同的方式组织会更加有效率。让我们假设她提出一套改革方案，在理论上，这套方案看起来更有效率。工人通常会有两种反应。一是：我们可以看到，这些改革可能会带来更高效的工作场所。但是实施改革将是代价高昂的，而且需要时间，况且当它们被采用时，我们可能不会比现在的安排过得更好。二是：我们能够看到这些改革的益处，因为那些都是你充分考虑和强调的效果。但它们可能会产生我们现在无法预料的影响，而且其中一些影响是负面的。产生意想不到的不良后果的可能性使我们怀疑改革。

保守派同样承认现有安排的不完善，但反对许多所谓的道德进步。制度改革本质上总是将成本强加给一些人（例如，提高边际税率会增加纳税人的成本）。但也几乎总是有外部成本：消除反对意见和克服阻力的成本，反对意见和阻力越强，成本也越高。这些益处是不确定的：改革的支持者通常会证明改革有一些离散的利益，但几乎可以肯定的是，他们无法应对这种反对意见，即他们的改革提议几乎肯定会产生意想不到的后果。改革的规模越大，就越容易受到这种反对意见的攻击。我们所研究过的所有理论都要求全面实施大规模改革。

我不打算无条件地支持这种保守的想法。但我认为在思考有关正义和改革的问题时，至少应支持一种温和的保守偏见。正义理论家有权支持激进的正义原则，只要这些原则在第二章讨论的意义上是可行的。但受社会正义理想驱使的改革者有责任充分考虑内在和外在的转型成本，还要承认当提出改革时会带来意想不到的结果的现实。当一些不公正问题足够糟糕，同时一些改革措施足够温和时，这种保守的想法对这个问题几乎没有影响。但如果不公正问题是不严重的，而改革却很野心勃勃，那么这种保守的想法就会给改革者带来举证责任。

第二个保守的想法是，正义的价值常常被正义理论家高估了。正义当然很重要，并且一些保守派接受了弗里德曼观点的大致框架；有些人甚至接受修正了的罗尔斯的观点。但他们可以质疑正义是“社会制度的首要价值”（用罗尔斯的话说），或反驳正义作为首要价值，它就像罗尔斯和诺齐克等理论家所认为的那么重要。存在和正义一样好的事物，也存在和不公正一样坏的事物。人类的各种卓越成就都很重要——伟大艺术家的艺术品；战争经历带来的战友情谊和勇气；在最好的家庭关系中实现的爱、亲密和自我牺牲——而且有时这些善的事物可能与正义存在竞争。再次说明，保守派不需要抵制任何特别的正义理论，但他们可以抵制实施该正义理论的努力，因为这些努力可能会引起人类其他至关重要的善的丧失。在对罗尔斯理论进行长篇批判的过程中，迈克尔·桑德尔（Michael Sandel）[1]提出的观点清楚地表达了这个担忧（但这可以应用到我目前为止所研究的所有理论家）："呼唤正义的环境同时也就至少含蓄地承认了仁爱的环境，或者博爱的环境，或者扩展的爱的环境。"（桑德尔 1981：32）桑德尔在与家庭的类比中提出，家庭是一种制度，在这种制度下这些替代的环境会保持不变，但它们会被正义的首要性所驱逐：

> 例如，考虑一下或多或少理想化的家庭情况，在家庭中，大部分关系是靠自发的情感来维系的，因此，呈现于其中的正义环境在相对较低的程度上占主导地位。家庭成员很少吁求个人权利和公平决策的程序，这不是因为家庭存在过分的不正义，而是因为一种宽厚的精神成了家庭的优先诉求，在这种宽厚的精神中，我很少要求自己的公平份额。……现在想象一下，有一天，一个和谐的家庭陷入纷争。利益渐趋分化，正义环境渐

---

[1] 迈克尔·桑德尔（1953—　），哈佛大学政治哲学教授，美国文理科学院院士，社群主义的代表人物。他以 1981 年所著的《自由主义与正义的局限》（译林出版社 2001 年版）一书中对罗尔斯《正义论》（中国社会科学出版社 2001 年版）的批评而闻名。——译者注

趋敏感。……感情和自发性……让位于对公平和崇尚权利的要求。……古老的宽厚精神被一种不可非难的廉正的司法气质所取代，而且有足够的正义来满足道德上的需要……我们要说正义的介入——虽然是充分的——充分地恢复了其道德特征，而唯一的区别仅仅是心理学上的吗？（桑德尔，1981：33）

当然，这个问题的答案是否定的。正义驱逐了仁爱；它是家庭中扩展的爱的敌人。因此，罗尔斯和其他自由主义者将正义作为社会制度的首要价值是错误的；它充其量只是很多潜在的相互竞争的善中的一种。我们有理由警惕以家庭为类比对象，也有理由警惕正义会驱逐家庭内部感情的说法。正义并非要求人们总是主张他们应得的：就像充满爱的家庭中经常发生的那样，有爱的兄弟姐妹或父母为了他们的兄弟姐妹或孩子而放弃他们应得的东西，这没什么不正义的。但是，如果有充分的理由相信正义与社会中的其他善存在竞争会怎么样？正义是如此有价值，它应该得到充分实施，即使这样做我们会抹杀很多让生命有价值的东西，这种说法太极端了。

当然，在公开辩论中提出这种观点的保守派不会承认他们在为不公正辩护；至少在公开场合，他们更喜欢采用关于正义的空洞言辞，这与他们想要保护的善的可用性相一致。但我的观点是，他们可以承认他们喜欢的安排是不公正的，而且仍有合理理由。再者，如果实施正义剥夺许多让我们的生命变得有价值的东西，在某种程度上，这与实施正义相冲突。当然，这不能简单地证明任何不公正，即使这些不公正可以最大限度地实现人类的善的可用性。正义很重要，而不公正是有害的，其中一个原因是它不公平地剥夺了一些人获得至关重要的人类的善的机会。我要强调的是，我怀疑这种说法，即正义抑制了至关重要的人类的善的可用性，这是我不是一个保守派的原因。但这种说法并不是明显错误的；必须在个案分析的基础上考虑这种说法，若其中存在一些真理，正义的理论家就必须做出让步。

最后一个保守的想法是对第二个的补充。一些保守派相信人类普遍倾向于邪恶，而我所讨论的一些正义理论得到了贯彻，从某种意义上说，这可能是“公平的”，比起那些对个人良知和个人自由影响较小的制度而言，这将给邪恶更大的空间。从这个观点来看，政府的目的是制止人类互相为恶，而不管实现这个目的的措施是否公平。约翰·凯克斯（John Kekes）[1]是当代的一个保守派思想家，他就是这种思想的典型代表。在凯克斯看来，邪恶是“不正当的……伤害必须严重到足以损害受害人正常活动的能力”（凯克斯 1998：26）。他认为，邪恶不仅仅是人类对有缺陷的社会制度的偶然反应，在这种社会制度中，人们能够发现其自己。确切地说，邪恶深植于人性之中：它是制度设计必须应对的人类的一个特点，而不是由制度引起的。他还认为，很多人要么是作恶者，要么是潜在的作恶者。他说，

> 如果邪恶盛行，作恶者必定为数甚多。既然这样，就会期望在一个自由主义的社会中将会有其行为是道德上可接受的道德上的少数，对他们来说，自主、自由、平等、权利、多元主义和分配正义是有保障的，同时还有不道德的多数，邪恶的

[1] 约翰·凯克斯（1936—　），美国奥尔巴尼大学政治哲学教授，代表作为《反对自由主义》（应奇译，江苏人民出版社 2008 年版）。——译者注

盛行主要应归咎于他们的行为，他们的邪恶行为就得受到约束。……如果邪恶盛行，似乎并没有别的合理的备选项。（凯克斯，1998：42）

现在，凯克斯认为人类社会盛行的邪恶必然证明大多数人都是作恶者，这并不一定正确。正如一个恐怖组织的任何组织者所知道的，极少数人能对大量的人做大量坏事。如果审判蒂莫西·麦克维（Timothy McVeigh）❶的证据是可信的，那么只需要两名作恶者和一辆载满炸药的卡车就能摧毁 151 条生命，并造成数百人的浩劫。大屠杀❷需要许多欧洲人的积极参与和更多人的默许，但是完全不清楚的是，大多数欧洲人（甚至德国人）是否恶意地参与了这场人类最大罪恶的角逐。

但假设凯克斯的悲观看法是正确的。这对于罗尔斯等人所构想的正义意味着什么？我认为，要回答这个问题，取决于我们认为那些更能体现正义的制度会让邪恶变得更有可能还是不那么可能。再说一次，我倾向于认为，更公正的制度实际上倾向于缩小恶行的范围。我认为，我们有证据表明，令公民更平等而不是更不平等、更自由而不是更不自由的制度，将比限制个人自由和实例化不平等等级制度的制度，产生更少的罪恶。这可能是因为这些制度能够更好地使潜在的受害者保

---

❶ 蒂莫西·麦克维是制造俄克拉荷马爆炸案的顽凶，2001 年 6 月 11 日，美国印第安纳州的特雷霍特重型犯监狱对 6 年前制造俄克拉荷马大爆炸的顽凶蒂莫西·麦克维执行注射毒液的死刑。这是 1963 年来美国联邦政府首次恢复对死刑犯执行死刑。麦克维在 1995 年 4 月 19 日将一辆满载炸药的车开进俄克拉荷马市政府一幢日间看护中心引爆，共造成 100 多人死亡，500 多人受伤。死亡名单中有 9 名儿童。——译者注

❷ 指二战时期纳粹分子对犹太人的大屠杀。——译者注

护自己不受邪恶之害，从而威慑作恶者。因此，再说一次，我不相信我们所讨论的保守的想法真的不利于正义。但是，我确实认为有一个理性的核心思想，即邪恶是坏的，由于我们不能通过概念论证来证明正义能驱逐邪恶，所以我们必须接受这样一种可能性，即有时在增加正义与减少邪恶之间存在某种权衡（trade - offs）；而当权衡出现时，支持不公正而反对邪恶的决定有时就是正确的。

拓展阅读指南

阅读本书应参阅其中所讨论的著作。我特意将注意力集中在少量的书籍和论文上，因为我相信它们的细节才是重要的（而且本书内容不长）。我选择这本著作，因为它能够代表当代正义理论之争中最重要的观点。

然而，单独看这本书，或甚至与它所涉及的著作结合起来，可能会给读者一种错误的印象，即抽象理论是当代正义理论之争最主要的内容。其实远非如此。在当代道德和政治问题上有大量的著作，这两种问题都可应用从正义理论中吸取的教训，并利用这些问题进一步推动理论发展。我已将建议分为如下两种：第一种是直接阅读本书讨论的著作；第二种是阅读与本书讨论的当代问题有关的著作。

相关理论

现在关于罗尔斯的最好学术资源是塞缪尔 · 弗里曼整理编辑的《罗尔斯的剑桥同伴》（剑桥大学出版社，2003 年）[1]，该书包含了有关罗尔斯理论的广泛且有条理的参考书目。如果你能找到托马斯·波吉（Thomas Pogge）的《领悟罗尔斯》（哥伦比亚大学出版社，1989 年）[2]，该书也值得一读。其他有关自由主义的重要文献包括约瑟夫 · 拉兹（Joseph Raz）的《自由的道德性》[3]（牛津大学出版社，1986）和罗纳德 · 德沃金的《原则问题》（哈佛大学出版社，1985）[4]。有关可行能力理论的问题有许多著作。首先阅读萨宾·阿尔及尔（Sabine Alkire）的《重视自由》（牛津大学出版社，2002 年）[5]。洛伦·罗马斯基（Loren Lomasky）的《个人，权利和道德共同体》（牛津大学出版社，1987 年）[6] 是为温和的自由至上主义辩护的佳作。除我所讨论的专著之外，威尔 · 金里卡还有一本有关社群权利辩论的精选集——《少数族群的文化权利》（牛津大学出版社，1985 年）[7]。有兴趣的读者也可以阅读布莱恩·巴里（Brian Barry）反对基

---

1. *The Cambridge Companion to Rawls*, Cambridge University Press，2003
2. *Realizing Rawls*, Columbia University Press，1989
3. *The Morality of Freedom*, Oxford University Press，1986
4. *A Matter of Principle*, Harvard University Press，1985
5. *Valuing Freedoms*, Oxford University Press，1987
6. *Persons, Rights, and the Moral Community*, Oxford University Press，1987
7. *The Rights of Minority Cultures*, Oxford University Press，1985

于社群视角的扩展的论点——《文化和平等》(政体出版社，2001 年)[1]。

相关问题

我已经使自己在特定的问题上有所限制地推荐书籍。所有这些书都包含了有关正义的哲学理论和特定案例的应用。其标题应当清楚地说明它们所讨论的主题。

Archard, David, *Children, Family, and the State* (Ashgate Publishing,2003)

Archard, David and Colin MacLeod (eds) *The Moral and Political Status of Children* (Oxford University Press, 2002)

Baird, Robert and Stuart Rosenbaum (eds) *The Ethics of Abortion:Pro-Choice Versus Pro-Life* (Prometheus Books,1993)

Buchanan, Allen, Dan Brock, Norman Daniels and Daniel Wikler, *From Chance to Choice* (Cambridge University Press,2000)

Cahn, Stephen (ed.) *The Affirmative Action Debates* (Routledge,2002)

Daniels, Norman, *Just Health Care* (Cambridge University Press,1985)

Kamm, Frances Myrna, *Creation and Abortion* (Oxford University Press,1992)

Kittay, Eva Feder, *Love's Labor:Essays on Women, Equality, and Dependency*(Routledge 1999)

Moellendorf, Darrel, *Cosmopolitan Justice* (Westview Press, 2000)

Pogge, Thomas, *World Poverty and Human Rights* (Polity, 2002)

Walzer, Michael, *Just and Unjust Wars* (Basic Books,1977)

---

[1] *Culture and Equality*, Polity, 2001

参考文献

Barry,Brian (in press) *Why Social Justice Matters* (Polity)

Buchanan,Allen (1997) "Theories of Secession" , *Philosophy and Public Affairs*, 26,31-61

Buchanan,Allen,Daniel Brock, Norman Daniels and Daniel Wikler (2000) *From Chance to Choice* (Cambridge University Press)

Cohen,G.A. (1997) "Where the Action Is: On the Site of Distributive Justice" , *Philosophy and Public Affairs*,26,3-30

Cohen,Joshua (1993) "Freedom of Expression" , *Philosophy and Public Affairs*,22,207-63

Daniels, Norman (1985) *Just Health Care* (Cambridge University Press)

Dworkin,Ronald (1981) "What is Equality? Part2:Equality of Resources" , *Philosophy and Public Affairs*,10,283-345

Fraser, Nancy (1998) "Social Justice in the Age of Identity Politics" *The Tanner Lectures on Human Values at http://www.tannerlectures.utah.edu/lectures/Fraser98.pdf*

Friedman,Milton (1962) *Capitalism and Freedom* (University of Chicago Press)

Galston, William (2002) *Liberal Pluralism* (Cambridge University Press)

Hayek,Friedrich (1960) *The Constitution of Liberty* (University of Chicago Press)

Hochschild, Arlie (1989) *The Second Shift* (Viking)

Kant,Immanuel (1998) *Groundwork of the Metaphysics of Morals*,ed.Mary Gregor (Cambridge University Press)

Kekes,John (1998) *Against Liberalism* (Cornell University Press)

Kymlicka,Will (1989) *Liberalism ,Community and Culture* (Oxford University Press)

Kymlicka,Will (1995) *Multicultural Citizenship* (Oxford University Press)

Langton,Rae (1993) "Speech Acts and Unspeakable Acts" ,*Philosophy and Public Affairs*,22,305-30

Lenin,V.I. (1964) "How to Guarantee the Success of the Constituent Assembly" ,in *Collected Works*,Vol.25 (Progress Publishers)

Levine, Andrew (1999) "Rewarding Effort" ,*Journal of Political Philosophy*,7,404-18

Margalit,Avishai and Moshe Halbertal (1994) "Liberalism and the Right to Culture" , *Social Research*,61,491-510

Miller,David (1995) *On Nationality* (Oxford University Press)

Moellendorf, Darrel (2000) *Cosmopolitan Justice* (Westview Press)

Nozick, Robert (1974) *Anarchy, State and Utopia* (Basic Books)

Nussbaum, Martha (1998) *Sex and Social Justice* (Oxford University Press)

Nussbaum, Martha (2000) *Women and Human Development* (Cambridge University Press)

Okin, Susan Moller (1987) "Justice and Gender" , *Philosophy and Public Affairs*,16,42-72

Okin, Susan Moller (1999) *Is Multiculturalism Bad for Women*? (Princeton University Press)

Rawls,John (1971) *A Theory of Justice* (Harvard University Press)

Rawls,John (1980) "Kantian Constructivism in Moral Theory" , *Journal of Philosophy*,77,515-72

Rawls,John (1992) *Political Liberalism* (Columbia University Press)

Rawls,John (1999) *A Theory of Justice* (revised edn) (Harvard University Press)

Rawls,John (2001) *Justice as Fairness* (Harvard University Press)

Sandel,Michael (1981) *Liberalism and the Limits of Justice* (Cambridge University Press)

Scanlon T.M. (1972) "A Theory of Freedom of Expression" , *Philosophy and Public Affairs*,1,204-26

Sen,Amartya (1999) *Development as Freedom* (Knopf)

Sterba,James P. (1996) "Understanding Evil: American Slavery, the Holocaust, and the Conquest of the American Indians" , *Ethics*, 106,424-48

Swift,Adam (2001) *Political Philosophy: An Introduction for Politicians and Undergraduates* (Polity)

Swift,Adam (2003) *How Not to be a Hypocrite: School Choice for the Morally Perplexed Parent* (RoutledgeFalmer)

Swift,Adam (in press) "Justice, Luck and the Family" in Samuel Bowles, Herbert Gintis and Melissa Osborne (eds) *Unequal Chances* (Princeton University Press)

Thomson,Judith (1971) "A Defense of Abortion" , *Philosophy and Public Affairs*,1,47–66

Walzer,Michael (1977) *Just and Unjust Wars* (Basic Books)

Weithman,Paul (2000) *Religion and the Obligations of Citizenship* (Cambridge University Press)

Wilkinson,Richard (1996) *Unhealthy Societies* (Routledge)

Williams,Andrew (1998) "Incentives, Inequality, and Publicity" , *Philosophy and Public Affairs*,27,225–47

World Bank (2001) *Engendering Development Through Gender Equality in Rights, Resources and Voice* (Oxford University Press)